AF473383

Judas

¿Traidor o Instrumento de Dios?

Mauricio I. Pérez

Primera edición
Febrero, 2018

ISBN: 9781980394068

Impreso en los Estados Unidos.

A todo aquel
que una y otra vez ha traicionado a Jesús,
pero arrepentido, sigue en pos de Él
con su cruz a cuestas…

CONTENIDO

PRÓLOGO

Sin lugar a dudas, Judas Iscariote es el personaje más enigmático de los evangelios. En el Nuevo Testamento, quizás compita con la segunda bestia del Apocalipsis, aquella cuya cifra es el 666. De esta bestia ya he escrito un libro entero[1]. Me parece que toca su turno dedicar unas páginas a quien todo el mundo reconoce como el traidor más ruin en la historia. Traicionó nada menos que a Jesús. Y lo hizo desde dentro, pues era uno de sus doce apóstoles.

Muchos se preguntan si Judas obró por cuenta propia o si estaba destinado por Dios para traicionar a su Maestro y de esa forma desencadenar, como efecto dominó, la pasión y muerte de Jesús en la cruz para después

[1] 666 El Criptograma Apocalíptico

resucitar y así redimir al mundo entero.

Hay quienes lo confunden con Judas Tadeo, otro de los doce apóstoles. Recuerdo con cierta gracia que un día, viajando en el autobús de la universidad, una chica de preparatoria sacó de su cartera una estampita del santo patrono de las causas difíciles y me preguntó muy preocupada cómo es que pedíamos la intercesión del apóstol que había traicionado a Jesús.

En el caso del Iscariote, ha provocado la curiosidad de quienes creen en Dios y de quienes no, de teólogos y artistas y de muchos escritores.

Incluso ha llevado el papel estelar en la famosa ópera rock Jesucristo Super Estrella que pretende contar los últimos días de Jesús desde la óptica de Judas, según la entendió Tim Rice.

No sé si debido a los cuadros o tal vez al cine, solemos imaginar a Judas como un individuo delgado, de nariz aguileña y barba puntiaguda. Cuando era niño, en las procesiones de entrada en la Misa Vespertina de la Cena del Señor, siempre me preguntaba quién de los doce parroquianos disfrazados de apóstoles era Judas. Y buscaba al que tuviera la nariz más aguileña y barba para acusarlo de ser el infame traidor. Y si me miraba de vuelta fijamente con cara de "¿Qué me ves?", ¡no me quedaba la menor duda!

En las páginas siguientes intentaremos penetrar la mente de este misterioso apóstol a la luz de los evangelios y de los Hechos de los Apóstoles. Tras reflexionar sobre los detalles que nos muestre cada uno de los libros del Nuevo Testamento, tendremos tal vez que especular un poco con el afán de comprender qué fue lo que motivó a uno de los doce a traicionar a su Maestro de forma definitiva.

Intentar comprender qué llevó a Judas a traicionar a Jesús no es un ejercicio ocioso. Judas fue uno de los Doce, Jesús lo llamaba "amigo" y como veremos más adelante, fue quizás uno de los discípulos favoritos –si no es que el favorito– de su Maestro. No es disparatado suponer que Judas amaba a Jesús. Incluso se quitó la vida tras haber traicionado a su Maestro y darse cuenta de lo que había provocado.

Como creyentes, es claro que amamos a Jesús y que nos esforzamos por tomar nuestra cruz y seguirlo cada día. Pero nadie puede negar que a pesar de las más puras intenciones, tarde o temprano todos caemos y traicionamos a nuestro Maestro. Judas lleva algo de nosotros pues a fin de cuentas, todos somos traidores.

De Judas Iscariote, todos creen conocer lo siguiente: que era un apóstol que vendió a Jesús por 30 monedas de plata, lo entregó con un beso en el Huerto de los Olivos, devolvió las monedas a los sacerdotes del templo y murió ahorcado. Pero si hacemos una lectura hermenéutica de Judas en los cuatro evangelios y en los Hechos de los Apóstoles, y también en el Antiguo Testamento, lo que descubrimos al ir construyendo su verdadero perfil es asombroso.

Judas Iscariote, al colaborar con las autoridades, fue parte de una conspiración en contra de Jesús. No es injusto considerar ese complot para poner fin a la vida de Jesús de Nazaret uno de los crímenes más ruines de la historia. Así, investigar a Judas es un poco –o un mucho– como investigar a un criminal. Y el ejercicio de escribir este libro resultó algo parecido.

Cuando comencé a investigar los evangelios y los Hechos de los Apóstoles me di cuenta de que estaba recabando testimonios de diferentes testigos, al igual que hacen los detectives cuando analizan un crimen. Había que encontrar un móvil para la traición, comparar testimonios, identificar coincidencias que confirmaran lo que uno y otro decían, descubrir inconsistencias, y con todos los datos, esbozar el perfil del sospechoso.

Estas páginas son el resultado de esta fascinante investigación, que comparto con mucho gusto. Los textos citados están tomados de la *Nueva Biblia de Jerusalén.*

No podemos soslayar la traición de Pedro, que también tiene lo suyo. Pedro llegó a negar tres veces a Jesús. El número 3 en la Escritura es símbolo de la perfección, o sea que Pedro negó perfectamente a Jesús, lo cual hizo de su traición algo tan ruin como la de Judas. ¿Por qué a uno lo veneramos como santo y al otro lo despreciamos como traidor? Nos ocuparemos de este tema también en este libro.

Como ejercicio intelectual, analizar cualquier pasaje de la Escritura resulta fascinante. Pero la Biblia contiene la Palabra de Dios revelada para sus hijos. No podemos concluir este ejercicio sin hacer una reflexión sobre lo que vayamos aprendiendo, a fin de que podamos escuchar a Dios que se dirige a nosotros, en este caso, a través de la traición de Judas.

Iniciemos pues este recorrido intentando conocer mejor a Judas Iscariote y buscando comprender las causas de su traición, siempre pidiéndole a Dios que nos ayude a serle fieles a su Hijo Jesucristo, nuestro Señor.

1

Judas el Iscariote

El único apóstol que no era galileo

Del grupo de los Doce apóstoles, hay dos que no necesitan mayor presentación, Simón Pedro y Judas Iscariote. Todos saben que Jesús eligió al primero para encabezar a los apóstoles tras su ascensión al cielo y para edificar sobre él su Iglesia. El segundo, Judas Iscariote. Todos saben que vendió a su Maestro por 30 monedas de plata y después se quitó la vida. Tal vez muchos –incluso buenos católicos– sean capaces de nombrar a los otros diez, pero el que tenía más fe de ellos, lo mismo que el que lo traicionó, ganaron fama para siempre. Millones peregrinan cada año a la Ciudad del Vaticano para venerar la tumba de Sn. Pedro. Millones por el contrario, recuerdan a Judas Iscariote con desprecio.

Pero una cosa es saber de alguien y otra muy diferente, conocerlo. Estas páginas nos ayudarán a conocer y a comprender mejor a este personaje.

Comencemos por su nombre, pues no es Iscariote. Se llamaba *Juda bar Simon*, es decir, Judas hijo de Simón. Su padre era también conocido como Simón el Iscariote o *Ish Keriot*, que significa *un hombre de Keriot*, o de Queriot, ciudad de Judá[2]. Esto significa que a diferencia de los otros once apóstoles, que eran galileos, Judas Iscariote era el único originario de Judea. Es interesante que ya tan solo por su origen, Judas fuera distinto de los demás.

Los cuatro evangelios mencionan a Judas, lo mismo que los Hechos de los Apóstoles. Estos textos deben ser nuestras fuentes para recabar datos y esbozar el perfil de este apóstol traidor.

Sn. Judas Tadeo

En el grupo de los Doce primeros, hubo dos apóstoles de nombre Judas. Uno era Tadeo y a él se atribuye la Epístola de Judas del Nuevo Testamento. Es llamado así por la tradición, uniendo dos nombres diversos: Marcos y Mateo lo llaman simplemente *Tadeo*[3],

---

[2] Jos 15,21-25

mientras Lucas lo llama *Judas de Santiago*[4].

No sabemos con certeza de dónde viene el sobrenombre Tadeo, que se explica como proveniente del arameo *taddà'*, que significa *pecho*, por lo que se puede entender como *Judas el magnánimo*. También se explica como la abreviación de un nombre griego como Teodoro o Teódoto.

Se sabe poco de Judas Tadeo. Sólo Sn. Juan señala una pregunta que hizo a Jesús durante la Última Cena, *"Señor, ¿qué pasa para que te vayas a manifestar a nosotros y no al mundo?"*[5]

Intentando reivindicar a Judas

En los siglos XIX y XX, algunos autores intentaron reivindicar al Iscariote. Pudiera ser que lo hicieron como un mero ejercicio intelectual o posiblemente por convicción sincera.

Ferdinando Petruccelli della Gattina, por ejemplo, describió al apóstol en 1867 como un revolucionario y líder de la revuelta judía contra el imperio romano en su controvertida obra *Las memorias de Judas*.

---

[3] Mt 10,3; Mc 3,18

4 Lc 6,16; Hch 1,13

[5] Jn 14,22

El *evangelio* de Judas

Gran revuelo y confusión provocó National Geographic en 2006 cuando presentó su documental *El evangelio de Judas*. Se trata de un manuscrito que se creía perdido. Pero en los años 1970 se encontró en Egipto el códice copto *Tchacos*, datado en el siglo IV y en el que aparece un texto que parece corresponder al Evangelio de Judas que, según los Padres de la Iglesia, era empleado por la secta gnóstica de los cainitas. Según este texto, Judas Iscariote entregó a su Maestro a las autoridades cumpliendo un plan fraguado por el mismo Jesús.

Sin embargo, se trata de un texto apócrifo. En 2007, tras revisar una transcripción del manuscrito, la biblista April D. DeConick, profesora de la Universidad de Rice, rechazó esa interpretación tras haber encontrado errores de traducción.[6] Por otra parte, *El evangelio de Judas* fue compuesto entre los años 130 y 150, más de un siglo después de que el Iscariote se quitó la vida.

Para conocer bien a Judas, debemos proceder a recabar datos de los testimonios de

[6] *What the Gospel of Judas really says*. The New York Times. 2 de diciembre de 2007.

los cuatro evangelistas y también de Pedro, en los Hechos de los Apóstoles. Hagámoslo en el orden en que los textos del Nuevo Testamento fueron escritos.

2

Judas según Sn. Marcos

La primera vez
que se escribió acerca de Judas

La primera referencia de Judas que tenemos en la Escritura, la dio Marcos en su Evangelio[7], compuesto según se piensa, entre los años 64 y 70. Judas es mencionado cuando Mateo relata la institución que hace Jesús de sus doce apóstoles.

El apóstol

"Instituyó Doce, para que estuvieran con él, y para enviarlos a predicar con poder de expulsar los demonios.

Instituyó a los Doce y puso a Simón el nombre de Pedro; a Santiago el de Zebedeo y a Juan, el hermano

[7] En la Sagrada Biblia aparece primero Mt y después Mc. Sin embargo, Mc se escribió primero y de hecho, gran parte de Mt (y también de Lc) está basado en el Evangelio según Sn. Marcos.

de Santiago, a quienes puso por nombre Boanerges, es decir, hijos del trueno; a Andrés, Felipe, Bartolomé, Mateo, Tomás, Santiago el de Alfeo, Tadeo, Simón el Cananeo y Judas Iscariote, el mismo que le entregó."[8]

Vemos cómo Marcos nombra a Tadeo, pero sin darle el nombre de Judas. Como he dicho antes, no debemos confundir a Judas Tadeo con Judas Iscariote, de quien Marcos sí da su nombre específico y advierte que fue él quien entregó a su Maestro.

De entrada, sabemos pues que Judas Iscariote fue uno de los elegidos por Jesús mismo para ser apóstoles suyos. La palabra apóstol significa *enviado* en griego. Jesús escoge a estos, y entre ellos a Judas, para ser enviados a cumplir una misión concreta: deberán predicar. Además, Judas, al igual que los otros once, recibe de Jesús mismo el poder de expulsar a los demonios.

No podemos soslayar este detalle, pues tiene gran significancia. Al fijarnos en el contexto inmediato de este pasaje, notamos cómo los espíritus inmundos se arrojaban a los pies de Jesús reconociéndolo como al Hijo de Dios.

"*Y los espíritus inmundos, al verle, se arrojaban a*

[8] Mc 3,14-19

sus pies y gritaban: «Tú eres el Hijo de Dios.»" [9]

Jesús dota a sus Doce, Judas incluido, de ese poder de someter a los espíritus inmundos en su nombre de la misma manera que Él lo hacía.

Pero aun con ese poder en su arsenal, en el momento de la más dura prueba, Judas acabará siendo sometido él por el demonio.

El traidor

Marcos guarda silencio al respecto de Judas los siguientes 10 capítulos de su Evangelio y vuelve a mencionarlo hasta el 14, dos días antes de la Pascua y la fiesta de los Ázimos.[10]

"*Estando él en Betania, en casa de Simón el leproso, recostado a la mesa, vino una mujer que traía un frasco de alabastro con perfume puro de nardo, de mucho precio; quebró el frasco y lo derramó sobre su cabeza.*"[11]

El alabastro es una variedad de sulfato de calcio, o de piedra de yeso, que resulta muy maleable. Era usado para hacer vasijas sin asas llamadas igual, *alabastros.* Era muy preciado

[9] Mc 3,11
[10] Mc 14,1
[11] v. 3

por su característica de ser translúcido. Cortado en finas láminas, el alabastro llega a ser lo suficientemente translucido para usarse como cristal en algunas ventanas.

Esta mujer lleva en sus manos un alabastro con un finísimo perfume de nardo y lo quiebra para derramar la aromática fragancia sobre la cabeza de Jesús.

Había algunos que se decían entre sí indignados: «¿Para qué este despilfarro de perfume? Se podía haber vendido este perfume por más de trescientos denarios y habérselo dado a los pobres.» Y refunfuñaban contra ella.

Mas Jesús dijo: «Dejadla. ¿Por qué la molestáis? Ha hecho una obra buena en mí. Porque pobres tendréis siempre con vosotros y podréis hacerles bien cuando queráis; pero a mí no me tendréis siempre. Ha hecho lo que ha podido. Se ha anticipado a embalsamar mi cuerpo para la sepultura. Yo os aseguro: dondequiera que se proclame la Buena Nueva, en el mundo entero, se hablará también de lo que ésta ha hecho para memoria suya.»

Entonces, Judas Iscariote, uno de los Doce, se fue donde los sumos sacerdotes para entregárselo."[12]

---

[12] vv. 4-10

Del relato de Marcos, podemos inferir que Judas se sintió impelido a traicionar a Jesús tras ver cómo permitía que aquella mujer derramara el costoso perfume sobre su cabeza. Se habrá sentido decepcionado al ver que su Maestro se ponía por delante de los pobres, prefiriendo aceptar ese perfume antes que venderlo para mejor darles el dinero y ayudarlos en su necesidad. Sin embargo, Judas se olvidó de que el Maestro allí era Jesús. Judas debía a esas alturas saberlo mejor que nadie. No solo había convivido con Jesús por algunos años a lo largo de su vida pública y había aprendido sus enseñanzas, sino que fue elegido por Jesús mismo para ir de misión con los otros once a predicar lo que aprendía de su Maestro.

Dicen, y dicen bien, que no hay mejor forma de aprender que enseñando. Judas, al predicar el mensaje de Jesús, anunciaba a otros la Buena Nueva. Marcos menciona el contenido de esa Buena Nueva al relatar el inicio de la vida pública de Jesús en su Evangelio, luego de ser bautizado por Juan:

"*«El tiempo se ha cumplido y el Reino de Dios está cerca; convertíos y creed en la Buena Nueva.»*"[13]

---

[13] Mc 1,15

Judas advirtió en varios pueblos y a varias personas que el tiempo se había cumplido, les aseguró que el Reino de Dios estaba cerca, los exhortó a convertirse, es decir, a cambiar su actitud ante Dios, ante su prójimo y ante ellos mismos. Y por si fuera poco, los animó a creer, mejor dicho, a confiar en la Buena Nueva.

Nadie da lo que no tiene. Judas debió tener, gracias a la Buena Nueva que predicaba, el mismo entusiasmo del que contagiaba a aquellos que lo escuchaban. Y si un demonio se cruzaba en su camino, tenía el poder de despacharlo.

Para lograr que otros confiaran en la Buena Nueva, él debía confiar primero. Eso implicaba confiar en su Maestro que les enseñaba el evangelio en primera persona.

¿Por qué entonces se decepciona al ver a Jesús aceptando el perfume?

¿O es más bien que se desilusiona al oír a Jesús hablar de su muerte cercana? Judas había convivido con quien era reconocido ya por muchos como el Mesías y hablaba de que ahora moriría.

El caso es que Judas sale decepcionado de la casa de Simón el leproso y va con las autoridades religiosas para venderles a su Maestro.

"*Entonces, Judas Iscariote, uno de los Doce, se fue donde los sumos sacerdotes para entregárselo.*

Al oírlo ellos, se alegraron y prometieron darle dinero. Y él andaba buscando cómo le entregaría en momento oportuno."[14]

Los sacerdotes se alegran porque ya se habían decidido a aprehender a Jesús y Judas les facilitará la tarea. Marcos indica que los sacerdotes le ofrecen a Judas una recompensa, pero no especifica la cantidad. Este, a partir de ese momento, comienza a buscar la mejor oportunidad para entregarles a Jesús. Las autoridades por su parte, preferirían que esto no ocurriera durante la fiesta que estaba por celebrarse:

"*Faltaban dos días para la Pascua y los Ázimos. Los sumos sacerdotes y los escribas buscaban cómo prenderle con engaño y matarle. Pues decían: «Durante la fiesta no, no sea que haya alboroto del pueblo.»*"[15]

Habían visto a las multitudes aclamar a Jesús al entrar a Jerusalén. No querían

---

[14] vv.11-12

[15] vv.1-2

arriesgarse a un tumulto en protesta por el arresto de quien consideraban su Rey.

No obstante, el mejor momento que Judas encontrará ocurrirá justo en la noche de la Pascua, tras la cena.

A la mesa con el Señor

La cena se celebra en un gran salón en el piso superior de una casa que, según la tradición, era de la familia de Marcos, el autor del evangelio que estamos revisando. Apenas un jovencito, Marcos seguirá al grupo tras la cena hasta el Huerto de los Olivos.

"*Los discípulos salieron, llegaron a la ciudad, lo encontraron tal como les había dicho, y prepararon la Pascua.*

Y al atardecer, llega él con los Doce. Y mientras comían recostados, Jesús dijo: «Yo os aseguro que uno de vosotros me entregará, el que come conmigo.»[16]

Jesús, que conoce los corazones de todos, sabe que uno de sus apóstoles lo va a traicionar entregándolo a las autoridades religiosas que quieren darle muerte. El dolor

---

[16] vv. 16-18

que debió sentir Jesús debió ser tremendo. Uno de sus más cercanos, a quien había elegido con los otros once como su enviado para ir a proclamar la buena nueva por otros pueblos. Alguien a quien le había dado incluso el poder de expulsar demonios, había decidido traicionarlo.

La noticia de la traición sacude a todos los que comparten con él la cena.

Ellos empezaron a entristecerse y a decirle uno tras otro: «¿Acaso soy yo?»[17]

El anuncio provoca tristeza entre todos. ¿Cómo que el *Rabbí* va a ser entregado? Eso significa que uno de ellos es un traidor. Las emociones dan entonces un giro inesperado. Uno por uno comienzan a preguntar a Jesús si acaso es él el traidor. Eso significa que, en el fondo, todos se sentían capaces de traicionarlo en un momento determinado. Jesús debió sentir otro golpe emocional. Todos aquellos en quienes había depositado su confianza, sentían que podían traicionarlo

---

[17] v. 19

en cualquier momento. Él lo sabe y sabe que en un par de horas, lo dejarán solo. Y el que se anime a seguirlo de cerca, terminará negándolo tres veces.[18]

Él les dijo: «Uno de los Doce que moja conmigo en el mismo plato. Porque el Hijo del hombre se va, como está escrito de él, pero ¡ay de aquel por quien el Hijo del hombre es entregado! ¡Más le valdría a ese hombre no haber nacido!»"[19]

La sentencia de Jesús es firme y contundente. ¡Hubiera sido mejor para el traidor ni siquiera haber nacido! Es preferible no existir en lo absoluto que llenar el corazón de resentimiento hacia Jesús y de hacerlo al grado de asestarle el más bajo de los golpes: la traición después de haber recibido de él su plena confianza, la encomienda de cumplir como mensajero de su evangelio y el poder de expulsar demonios. Es preferible no existir en lo absoluto a enfrentar la consecuencia de la peor decisión que alguien puede tomar: traicionar al Redentor. El desenlace de Judas,

---

[18] Cf. vv. 66-72

[19] vv. 20-21

según la advertencia de Jesús, ¡será aterrador!

La traición

Tras la cena, Jesús va con los once apóstoles que todavía están de su lado a Getsemaní. Jesús necesita un momento de soledad para orar en la intimidad con su Padre, poner en orden sus sentimientos y sus ideas y asumir la Pasión según la voluntad de su Padre.

A Jesús lo invade una profunda tristeza que lo hace sentirse que se quiere morir. El pavor y la angustia invaden su alma. Le pide a los apóstoles velar con él, pero se quedan dormidos.

Después de una angustiante oración, con mansedumbre resuelve cumplir la voluntad de su Padre y asumir su Pasión. Se pone de pie con resolución y dice a sus apóstoles:

"Llegó la hora. Mirad que el Hijo del hombre va a ser entregado en manos de los pecadores. ¡Levantaos! ¡vámonos! Mirad, el que me va a entregar está cerca.»

Todavía estaba hablando, cuando de pronto se presenta Judas, uno de los Doce, acompañado de un grupo con espadas y palos, de parte de los sumos sacerdotes, de los escribas y de los ancianos. El que le iba a entregar les había dado esta contraseña: «Aquel a quien yo dé un beso, ése es, prendedle y llevadle con cautela.» Nada más llegar, se acerca a él y le dice: «Rabbí», y le dio un beso."[20]

"Uno de los Doce", frase breve pero llena de sentido. Uno de los Doce, uno de los elegidos desde el principio por Jesús mismo, uno del grupo de compañeros y amigos ¡lo traiciona!

Es de noche y en la penumbra del huerto resulta difícil distinguir entre todos el rostro de Jesús. Por tal razón, Judas debe dar una señal a la cohorte que lo acompaña para que sepan a quién deben arrestar. La señal es simple: el saludo al *Rabbí*. Era la costumbre que los discípulos saludaran a su *rabbí* con un ósculo, no en la mano, sino en la mejilla. Pero en esta ocasión, no es un beso de respeto por mucho que Judas lo reconozca como *Rabbí* al momento de dárselo. Es un beso lleno de hipocresía.

Un beso que a nosotros nos repugna, pero que a Jesús debe doler más que una bofetada, pues a pesar de la traición del Iscariote, lo ama como a los otros once, si no es que hasta un poco más. El mismo beso del que por un lado adora a Dios y por el otro se comporta en

[20] vv. 41b-45

contra de su voluntad divina. El beso del que dice amar a Jesús pero que en realidad se ama más a sí mismo. El beso del que dice amar a Dios pero que ante los demás lo niega rotundamente. El beso de Judas…

Es un momento de silencio y de expectativa. Los apóstoles se quedan callados viendo qué ocurre y qué está por sucederles a ellos después. Los que acompañan al traidor también permanecen en silencio, concentrados en el beso de Judas para saber a quién prender. Aunque austera, la escena está llena de solemnidad y de drama.

"*Ellos le echaron mano y le prendieron. Uno de los presentes, sacando la espada, hirió al siervo del Sumo Sacerdote, y le llevó la oreja.*"[21]

El jovencito Marcos debió ser testigo de todo esto, pues casi lo arrestan a él también. Audazmente y presa del miedo, logro zafarse y escapar de sus captores.

"*Un joven le seguía cubierto solo de un lienzo; y le detienen. Pero él, dejando el lienzo, se escapó desnudo.*"[22]

Según la tradición, este joven no es otro sino el mismo evangelista.

[21] vv. 46-47

[22] vv. 51-52

Hasta aquí los detalles que Marcos revela de Judas Iscariote. Revisemos ahora el Evangelio según Sn. Mateo buscando más información.

3

Judas según Sn. Mateo

El evangelio
que nos cuenta su muerte

Mateo escribe su evangelio después que Marcos y basa gran parte de su contenido en los escritos del primero. De ahí que muchos pasajes de Mt parezcan casi una copia al carbón de Mc. Pero apoyado en otras tradiciones, en recuerdos personales o en testimonios de alguien más, el evangelista puede darnos detalles que complementen la versión del primer evangelista.

A la luz de Mt, intentemos detallar o complementar el perfil del Iscariote que iniciamos a esbozar con la información que nos reveló Marcos en sus escritos.

El apóstol

"*Y llamando a sus doce discípulos, les dio poder sobre los espíritus inmundos para expulsarlos, y para curar toda enfermedad y toda dolencia.*

Los nombres de los doce Apóstoles son éstos: primero Simón, llamado Pedro, y su hermano Andrés; Santiago el de Zebedeo y su hermano Juan; Felipe y Bartolomé; Tomás y Mateo el publicano; Santiago el de Alfeo y Tadeo; Simón el Cananeo y Judas el Iscariote, el mismo que le entregó."[23]

Podemos ver cómo, en efecto, hay textos en Mt que parecen una copia al carbón de Mc. Este es uno de ellos. Pero poniendo atención, encontramos un detalle adicional: Jesús da a sus apóstoles –y en consecuencia a Judas Iscariote– no solo el poder de expulsar a los espíritus inmundos sino también el don de la sanación. Al texto de Marcos, Mateo agrega el poder "para curar toda enfermedad y toda dolencia".

Tenemos entonces que Judas fue un apóstol, elegido por Jesús, enviado con los otros once a proclamar la Buena Nueva y facultado del poder del exorcismo y del don de la sanación. Resulta sorprendente sopesar este perfil con el de un vil traidor, como solemos entender a Judas únicamente.

Pero a la vez, resulta más alarmante descubrir que alguien con todos estos honores y facultades pueda ser capaz de llegar a caer

---

[23] Mt 10,1-4

tan bajo. Sin duda, información que no podemos despreciar.

La conspiración

"Hallándose Jesús en Betania, en casa de Simón el leproso, se acercó a él una mujer que traía un frasco de alabastro, con perfume muy caro, y lo derramó sobre su cabeza mientras estaba a la mesa. Al ver esto los discípulos se indignaron y dijeron: «¿Para qué este despilfarro? Se podía haber vendido a buen precio y habérselo dado a los pobres.» Mas Jesús, dándose cuenta, les dijo: «¿Por qué molestáis a esta mujer? Pues una "obra buena" ha hecho conmigo. Porque pobres tendréis siempre con vosotros, pero a mí no me tendréis siempre. Y al derramar ella este ungüento sobre mi cuerpo, en vista de mi sepultura lo ha hecho. Yo os aseguro: dondequiera que se proclame esta Buena Nueva, en el mundo entero, se hablará también de lo que ésta ha hecho para memoria suya.»

Entonces uno de los Doce, llamado Judas Iscariote, fue donde los sumos sacerdotes."[24]

Una lectura sincrónica de estos dos pasajes en Mt y Mc nos permite ver que Mateo copió también este texto tal cual el primer evangelio. De aquí no podemos saber más acerca de Judas.

[24] Mt 26,6-14

Las 30 monedas de plata

"Entonces uno de los Doce, llamado Judas Iscariote, fue donde los sumos sacerdotes, y les dijo: «¿Qué queréis darme, y yo os lo entregaré?» Ellos le asignaron treinta monedas de plata. Desde ese momento andaba buscando una oportunidad para entregarlo."[25]

Al igual que en el relato de Marcos, vemos a Judas en Mt salir de la casa de Simón el leproso y dirigirse donde los sumos sacerdotes para conspirar con ellos. No sabemos cómo, pero es claro que de algún modo, Judas estaba enterado de que las autoridades ya habían decidido echarle el guante a su Maestro y por eso va con ellas.

Pero Mateo arroja un detalle más. Marcos refiere simplemente que los sacerdotes se alegran y ofrecen darle dinero a Judas. Mateo nos aclara que es Judas quien abre la negociación pidiendo ese dinero a cambio de la información que ellos buscaban.

Le ofrecen al traidor 30 monedas de plata. Claramente las acepta y sin regateos, pues "desde ese momento andaba buscando una oportunidad para entregarlo".

---

[25] vv.14-16

¿Cuánto valían esas 30 monedas de plata? Como veremos más adelante en este capítulo, Judas devolverá las monedas a los sacerdotes y estos no podrán depositarlas en el tesoro del templo por ser precio de sangre. Eso significa que si no hubieran sido usadas para pagar por la vida de alguien, hubieran podido atesorarse en el templo, de modo que se trataba de monedas de las que se manejaban allí. Según la tradición y las leyes judías, solo podía pagarse el tributo anual al templo de Jerusalén empleando didracmas y tetradracmas acuñados en Tiro. La razón es que los romanos tenían prohibido a los judíos acuñar monedas que no fueran de cobre y los tributos al Imperio Romano, lo mismo que las ofrendas al templo, se tenían que pagar en plata. Un siclo era equivalente a un tetradracma. Los 30 siclos pagados a Judas equivalen entonces a 30 tetradracmas.

El shekel de Tiro se acuñó en esa ciudad de Fenicia entre los años 126 a.C. y 57 d.C. Era la moneda de plata de mayor circulación en Palestina.

El tetradracma valía, como su nombre lo indica, a 4 dracmas o a 4 denarios romanos. Esto quiere decir que Judas recibió una recompensa de 120 denarios de plata por delatar a Jesús. Como referencia, en aquellos tiempos un soldado romano cobraba 18 denarios mensuales, que era un sueldo para nada despreciable. El Iscariote se embolsó en una noche lo que un soldado romano hubiera percibido en seis meses y medio. Esa cantidad alcanzó para comprar un terreno después.

Aunque más allá del valor monetario y numismático de estas 30 monedas, su valor simbólico es mucho más importante.

Quien paga a Judas estas monedas es un grupo de sacerdotes. A ellos les irritaba que Jesús se diera esos aires de mesianismo y más que la gente se los creyera. Como hombres religiosos y conocedores de la Escritura, sabían por fuerza un versículo de la Torah (que nosotros llamamos Pentateuco) en que son mencionadas 30 monedas. El primero de la Torah. En concreto, del Libro del Éxodo:

"*Si un buey acornea a un siervo o a una sierva, se pagarán treinta siclos de plata al dueño de ellos, y el buey será apedreado.*"[26]

Este versículo es parte de una serie de normas del pueblo hebreo, relativas al trato entre familiares, la compraventa de esclavos y la restitución por daños y perjuicios. Esta

---

[26] Ex 21,32

prescripción que nos interesa, es referente al daño sufrido por un esclavo o una esclava tras ser cornados por un buey. La restitución en ese tiempo para los hebreos estaba en general regida por la Ley del Talión, ojo por ojo y diente por diente. Si una persona mataba a otra, debía ser ejecutada. Pero en el caso de un esclavo, si moría en los cuernos de un buey, se debía pagar a su dueño 30 monedas de plata.

De manera que al cotizar la vida de Jesús en 30 monedas de plata, los sacerdotes pretenden mofarse de él. Pagar 30 monedas de plata al delator es una forma de decir de su Maestro, "su vida para nosotros, no vale más que la vida de un esclavo".

Pero los sacerdotes eran conocedores de la Escritura. ¿Acaso olvidaron que en las profecías de Zacarías, 30 monedas de plata eran el salario que pagó el rebaño por su pastor? Y ese precio es considerado como una afrenta a Dios. En un pasaje profético lleno de drama, Dios, cansado de un pueblo soberbio, desobediente, idolatra, que quiere seguir sus propios caminos apartando a Dios, les reclama en voz del profeta:

"*Entonces dije: '¡No volveré a apacentaros; la que tenga que morir, que muera; la que tenga que desaparecer, que desaparezca; y las que queden, que se coman unas a otras!' Tomé luego mi cayado 'Gracia' y lo partí, para romper así la alianza que el Señor había concluido con todos los pueblos. Quedó rota aquel día, y los tratantes de ovejas que me observaban supieron que era una palabra del Señor. Yo les dije, 'Si os parece bien, dadme mi jornal; si no, dejadlo.' Ellos pesaron mi jornal: treinta siclos de plata. El Señor me dijo: '¡Echa al tesoro ese valioso precio en que me han tasado!' Tomé, pues, los treinta siclos de plata y los eché en el tesoro del templo del Señor.'*"[27]

Al tasar la vida de Jesús en 30 monedas de plata, los sacerdotes se hacen acreedores de estas duras palabras por parte de Dios.

El traidor

En el recuento de Mateo sobre la Última Cena, leemos lo siguiente:

"*Al atardecer, se puso a la mesa con los Doce. Y mientras comían, dijo: «Yo os aseguro que uno de vosotros me entregará.» Muy entristecidos, se pusieron a decirle uno por uno: «¿Acaso soy yo, Señor?» El respondió: «El que ha mojado conmigo la mano en el plato, ése me entregará. El Hijo del hombre se va, como está escrito de él, pero ¡ay de aquel por quien el Hijo del hombre es entregado! ¡Más le valdría a ese hombre no haber nacido!» Entonces preguntó Judas, el*

[27] Zc 11,9-14

que iba a entregarle: «¿Soy yo acaso, Rabbí?» Dícele: «Sí, tú lo has dicho.»"[28]

Una vez más notamos una copia al carbón del recuento que hizo primero Marcos. Pero también de nuevo, Mateo agrega un dato. Cuando Judas –al igual que los otros once– pregunta a Jesús si acaso él es el traidor, a este le responde, "Sí, tú lo has dicho". ¿Será que Mateo se percató pues él mismo compartió la mesa de la Cena con Jesús y con Judas, cosa que Marcos no? Hay un detalle sutil, los otros once preguntan a Jesús, "¿Acaso soy yo, *Señor*"? en tanto que Judas le dice "¿Acaso soy yo, *Maestro*?" ¿Será una forma del evangelista de separar a Judas de los otros once, al menos por medio de un vocablo distinto?

De cualquier modo, Judas sabe ahora que para Jesús no había secreto. Él tiene más claro que nadie que su amigo lo va a traicionar. Si acaso él también le pregunta a Jesús al ver que los demás lo hacen, para perderse entre el grupo y despistarlo, se da cuenta de que su Maestro y amigo sabe de lo que es realmente capaz de hacer y de lo bajo que ha caído.

La pregunta de Judas es discreta, en voz

---

[28] Mt 26,20-25

baja, como no queriendo, haciéndose el desentendido. La respuesta de Jesús, llena no de enojo ni decepción, sino de un profundo dolor, es dada también con discreción, en voz baja. De lo contrario, veríamos a los apóstoles arrojarse encima de Judas. Si Pedro será más tarde capaz de herir con su espada a uno de los guardias del templo, de saber que Judas era el traidor bien podría arrojársele al cuello en un momento de cólera y también para impedir a toda costa su traición. Lo mismo los demás. Pero esto no sucede. Jesús sabe que Judas lo ha vendido pero solo se lo dice a él para que los demás no se enteren. Él está dispuesto a que todo siga su curso pues sabe que ha llegado la hora de cumplir con la misión para la que su Padre lo ha enviado.

La traición

Después de la Cena, Jesús va con sus apóstoles al monte de los Olivos. Va con once solamente, pues Judas se ha apartado para ir a delatar a su Maestro ante las autoridades religiosas.

Luego de la intensa oración, Jesús les advierte,

"*¡Levantaos!, ¡vámonos! Mirad que el que me va a entregar está cerca.» Todavía estaba hablando, cuando* *llegó Judas, uno de los Doce, acompañado de un grupo numeroso con espadas y palos, de parte de los sumos sacerdotes y los ancianos del pueblo. El que le iba a entregar les había dado esta señal: «Aquel a quien yo dé un beso, ése es; prendedle.» Y al instante se acercó a Jesús y le dijo: «¡Salve, Rabbí!», y le dio un beso. Jesús le dijo: «Amigo, ¡a lo que estás aquí!» Entonces aquellos se acercaron, echaron mano a Jesús y le prendieron."*[29]

En respuesta al beso de Judas, Jesús lo saluda diciéndole, "amigo". Poniendo atención solo en la narrativa, podemos suponer que la afectuosa manera de recibir al traidor debió provocar en este al menos un sentimiento de vergüenza. En respuesta a la más baja de las traiciones, escucha de su Maestro una palabra afable.

Ahora bien, yendo más allá de la narrativa y haciendo una lectura hermenéutica de la expresión en Mt, vemos que la palabra *amigo* aparece solo en tres ocasiones en todo este evangelio. En todas, se emplea para nombrar a alguien que está equivocado en lo que hace. Por ejemplo, al contar la parábola del dueño de la viña que contrata jornaleros a diferentes horas del día y paga a todos lo mismo, cuando uno le reclama por haber trabajado más y

[29] vv. 46-50

cobrado lo mismo, escucha en respuesta, "Amigo, no te hago ninguna injusticia. ¿No te ajustaste conmigo en un denario?"[30]

La otra es más fuerte. Aparece en la parábola del banquete nupcial en que el rey celebra el banquete de bodas de su hijo y los invitados no quieren asistir. Envía el rey a sus siervos entonces a los cruces de los caminos para invitar a cuantos encuentren. Luego encuentra a uno de estos en el banquete, pero sin traje de boda, por lo que lo reconviene, "Amigo, ¿cómo has entrado aquí sin traje de boda?"[31] y manda que se le ate de pies y manos y se le arroje a las tinieblas donde será el llanto y rechinar de dientes, en alusión al infierno. El contraste es abismal, pues por un lado el rey lo llama "amigo" y por el otro lo envía atado de pies y manos al infierno.

La tercera vez que la palabra *amigo* es empleada en Mt, es justamente tras el beso de Judas. Vemos pues que Jesús lo llama "amigo" con la intención de hacerle saber que está equivocado. Y tan equivocado, que ya en la Última Cena había advertido que más le valiera no haber nacido. Este contraste es muy similar al del rey y el desdichado que entró al

---

[30] 20,13

[31] 22,12

banquete de bodas sin el atuendo adecuado, un *amigo* que acabará pasándola muy mal.

El suicidio

"*Llegada la mañana, todos los sumos sacerdotes y los ancianos del pueblo celebraron consejo contra Jesús para darle muerte. Y después de atarle, le llevaron y le entregaron al procurador Pilato. Entonces Judas, el que le entregó, viendo que había sido condenado, fue acosado por el remordimiento, y devolvió las treinta monedas de plata a los sumos sacerdotes y a los ancianos, diciendo: «Pequé entregando sangre inocente.» Ellos dijeron: «A nosotros, ¿qué? Tú verás.» El tiró las monedas en el Santuario; después se retiró y fue y se ahorcó. Los sumos sacerdotes recogieron las monedas y dijeron: «No es lícito echarlas en el tesoro de las ofrendas, porque son precio de sangre.» Y después de deliberar, compraron con ellas el Campo del Alfarero como lugar de sepultura para los forasteros. Por esta razón ese campo se llamó «Campo de Sangre», hasta hoy. Entonces se cumplió el oráculo del profeta Jeremías: «Y tomaron las treinta monedas de plata, cantidad en que fue apreciado aquel a quien pusieron precio algunos hijos de Israel, y las dieron por el Campo del Alfarero, según lo que me ordenó el Señor.»*"[32]

---

[32] Mt 27,1-10

Es interesante descubrir que la muerte de Judas, según la versión de Mateo, es muy parecida a la de Ajitófel. De hecho, Judas y Ajitófel son los únicos dos cuyo suicidio es narrado en toda la Escritura, con excepción de los casos en que algún guerrero se mata para escapar de su enemigo. Y ambos, mueren ahorcados.

Cuenta el Segundo Libro de Samuel que Ajitófel era un amigo íntimo del rey David, formaba parte de sus colaboradores más cercanos y a él le confiaba el monarca todos los secretos de su reino. Pero un día, Absalón y los enemigos de David conspiraron para matar al rey y Ajitófel traicionó a su amigo poniéndose del lado de su adversario. Planeaba lanzarse en persecución de David acompañado de un gran ejército y por la noche, para encontrar a su amigo fatigado y sin fuerzas. Pero no tuvo éxito. Al ver sus planes frustrados, se fue a su casa montado en su asno y se ahorcó.[33]

Judas también era estrecho colaborador de Jesús; también a Judas le confiaba Jesús todos los secretos del Reino (de los Cielos)[34]; también Judas traicionó a su íntimo amigo; y

[33] 2 Sam 17,23
[34] Mt 13,11

también Judas, se ahorcó.

Este símil tan sorprendente, ¿será una mera coincidencia o algo deliberado? Prosigamos con nuestra investigación.

4

JUDAS SEGÚN SN. LUCAS

Un pésimo comerciante

Lucas no conoció en persona a Jesús pero quedó tan fascinado cuando supo de su doctrina que se avocó a realizar una exhaustiva investigación sobre sus hechos y dichos. Aunque comparte información de la tradición sinóptica, hace su aportación de la información recabada de "testigos oculares y ministros de la Palabra".[35] Este tercer evangelio fue escrito para la evangelización de los cristianos provenientes del mundo gentil.

Veamos qué más podemos conocer de Judas con base en la información que presenta Lucas en su evangelio. Nos detendremos en lo que escribe del Iscariote en sus Hechos de los Apóstoles después de que terminemos con los cuatro evangelios.

---

[35] Lc 1,2

El apóstol

"*Sucedió que por aquellos días se fue él al monte a orar, y se pasó la noche en la oración de Dios. Cuando se hizo de día, llamó a sus discípulos, y eligió doce de entre ellos, a los que llamó también apóstoles. A Simón, a quien llamó Pedro, y a su hermano Andrés; a Santiago y Juan, a Felipe y Bartolomé, a Mateo y Tomás, a Santiago de Alfeo y Simón, llamado Zelotes; a Judas de Santiago, y a Judas Iscariote, que llegó a ser un traidor.*"[36]

La elección de los apóstoles es fruto de una profunda oración. Judas está incluido en este grupo. Al igual que a los otros once, Jesús lo escoge tras pasar la noche entera orando a solas con su Padre, en la intimidad de la soledad del monte.

Jesús ora todos los días para saber la voluntad de su Padre. Es así que sabe a quiénes de entre todos los varones que conoce, debe llamar para formar parte de su colegio apostólico. Once que le serían fieles hasta llegar incluso a dar la vida por él y uno

[36] Lc 6,12-16

"que llegó a ser un traidor".

Al intentar esbozar el perfil de Judas realizando esta minuciosa búsqueda de pesquisas en cada evangelio, es muy importante notar que Lucas especifica que Judas llegará a ser un traidor más adelante. Eso quiere decir que no es un traidor cuando que es elegido como apóstol. Jesús no escoge a un traidor sino a alguien que llegará a serlo. No es un detalle ocioso. En nuestro afán por comprender si Judas actuó por cuenta propia o si fue un instrumento de Dios para desencadenar la pasión, muerte y resurrección de Jesús, es importante darnos cuenta de que al principio, cuando Judas es llamado por Jesús, no es un traidor todavía. De manera que si es llamado y además, después de un intenso ejercicio de oración, es porque Judas comparte las cualidades de los otros once. Será más adelante cuando tome otros derroteros.

La conspiración

"*Se acercaba la fiesta de los Ázimos, llamada*

Pascua. Los sumos sacerdotes y los escribas buscaban cómo hacerle desaparecer, pues temían al pueblo.

Entonces Satanás entró en Judas, llamado Iscariote, que era del número de los Doce; y se fue a tratar con los sumos sacerdotes y los jefes de la guardia del modo de entregárselo. Ellos se alegraron y quedaron con él en darle dinero. El aceptó y andaba buscando una oportunidad para entregarle sin que la gente lo advirtiera."[37]

A diferencia de Marcos y Mateo, Lucas no ubica en esta parte del evangelio la unción de Jesús en Betania. Él había relatado un pasaje muy similar mucho antes en su evangelio. Según sus fuentes, el dueño de la casa no era Simón sino un fariseo y la mujer que lo ungió, una pecadora pública.[38] Detalles más, detalles menos, la esencia de este pasaje no se pierde.

Pero el evangelista resalta algo importantísimo: Satanás entra en Judas y es entonces que va a tratar con los sumos sacerdotes y los jefes de la guardia la manera

---

[37] Lc 22,1-6

[38] 7,36-50

de entregarles a Jesús.

A la mesa del Señor

Lucas vuelve a mencionar a Judas en la Cena:

"*Tomó luego pan, y, dadas las gracias, lo partió y se lo dio diciendo: Este es mi cuerpo que es entregado por vosotros; haced esto en recuerdo mío.» De igual modo, después de cenar, la copa, diciendo: «Esta copa es la Nueva Alianza en mi sangre, que es derramada por vosotros. «Pero la mano del que me entrega está aquí conmigo sobre la mesa. Porque el Hijo del hombre se marcha según está determinado. Pero, ¡ay de aquel por quien es entregado!»*

Entonces se pusieron a discutir entre sí quién de ellos sería el que iba a hacer aquello. Entre ellos hubo también un altercado sobre quién de ellos parecía ser el mayor."[39]

Jesús deja claro a sus apóstoles que el traidor es uno de ellos, pues tiene su mano sobre la misma mesa en la que cenan. Lucas registra también la advertencia que hace Jesús

[39] vv. 21-27

sobre el destino del traidor, "¡ay de aquel!". Con qué pena escapan esas palabras de los labios de Jesús, no como un reproche, sino con la aflicción de quien sabe que el destino de un amigo no será el mejor.

Sumado a ese pesar por decir abiertamente que uno lo va a traicionar, ve Jesús que todos comienzan a culparse de traición unos a otros. Y más doloroso notar que de ahí pasan a pelearse por quién de ellos es el más importante. ¿Cómo evoluciona una discusión en la siguiente?

Jesús anuncia que uno de ellos lo va a traicionar. Después de un momento de silencio, alguien lo rompe diciéndole al que tiene al lado, "Debe ser aquel, no sé por qué, pero no confío en él". Y el aludido se defiende, "¿Yo? Estás equivocado. Yo jamás lo haría. Debe ser este otro". "¿Estás loco? ¿Quién te crees tú para acusarme a mí? Además, yo he oído decir a aquel al final de la mesa que a veces duda de lo que dice nuestro Maestro". "Pero por favor, ¡si el Maestro confía más en mí que en ti!", "¿Perdón?

¿Acaso no has visto que a mí me ha confiado tareas más importantes que a ti?" A lo que otro acalla afirmando, "Será, pero a mí me ha confiado sus secretos más importantes", lo que provoca que otro interrumpa, "No digas tonterías. A mí me llevó al monte y presencié un misterio tan grande que ni siquiera me permitió revelárselo a ustedes", provocando que otro alegue, "Calla, que no ibas solo a ese monte. También yo estuve allí" y uno más, "¡Y yo también! Así que si del más importante se trata..."

Así es como tras discutir sobre quién será el traidor, de pronto todos discuten sobre quién es el más importante. Jesús está rodeado por once que todavía le son fieles y un traidor, pero de pronto se siente totalmente solo en medio del bullicio de las discusiones. Se da cuenta de que aunque vaya a la cruz a morir por todos, será un paso que tendrá que dar en la soledad.

La traición

Después de la Cena, Jesús se dirige al

monte de los Olivos. Se aleja a un tiro de piedra[40] de los apóstoles y entra en una profunda oración, mientras el miedo ante la muerte inminente lo invade.

"*Y sumido en agonía, insistía más en su oración. Su sudor se hizo como gotas espesas de sangre que caían en tierra. Levantándose de la oración, vino donde los discípulos y los encontró dormidos por la tristeza; y les dijo: «¿Cómo es que estáis dormidos? Levantaos y orad para que no caigáis en tentación.» Todavía estaba hablando, cuando se presentó un grupo; el llamado Judas, uno de los Doce, iba el primero, y se acercó a Jesús para darle un beso. Jesús le dijo: «¡Judas, con un beso entregas al Hijo del hombre!»*"[41]

Jesús parece sorprenderse del gesto, pero no esquiva el beso de Judas. Antes bien, trata de abrirle los ojos para que se dé cuenta de la magnitud de su traición. No son las monedas, sino el beso con el que lo entrega, lo que Jesús le reprocha. ¿Un beso a cambio de la vida del

[40] Siempre me ha fascinado la forma en que Lucas describe la distancia a la que se aleja Jesús de sus apóstoles, ni tan cerca, ni tan lejos, "a un tiro de piedra".

[41] vv. 44-48

Hijo del hombre? En los evangelios, Jesús suele referirse a Él mismo como "Hijo del hombre", haciendo referencia al título mesiánico que empleaba el profeta Daniel.[42]

El intercambio es absurdo. El negocio de Judas es infame. Ha cobrado dinero suficiente para comprarse un terreno. Ha ganado en una noche más que un soldado romano en seis meses. Pero el Iscariote, con todo y su gusto por el dinero, no es más que un pésimo comerciante.

Fr. Tomás Luis de Victoria supo recoger en el siglo XVI esta realidad en su responsorio *Judas mercatur pessimus*, que se rezaba en Jueves Santo.

Judas, mercator pessimus,
Osculo petiit Dominum.
Ille, ut agnus innocens,
Non negavit Judae osculum.

Judas, pésimo comerciante,
pidió dar un beso al Señor.
Y Él, como un cordero inocente,

[42] Dn 7,11-14

no rechazó el beso de Judas.

Denariorum numero
Christum Judaeis tradidit.

Por un número de monedas
entregó a Cristo a los judíos.

Melius illi erat,
Si natus non fuisset.
Denariorum numero
Christum Judaeis tradidit.

Mejor le hubiera sido
no haber nacido.
Por un número de monedas
entregó a Cristo a los judíos.

5

Judas según Sn. Juan

Lo que haz de hacer, hazlo ya.

Hemos visto con detalle los testimonios que de Judas dan los evangelios sinópticos. Es el turno del evangelio teológico. Se trata de un evangelio que no se interesa tanto en contar la vida de Jesús cronológicamente, sino de compilar una serie de reflexiones teológicas sobre los dichos y hechos de Jesús. Estas reflexiones son después concatenadas de manera que al final se cuente una historia con un principio y un final. De ahí que la secuencia de eventos en Jn difiera de lo que sucede en los tres sinópticos.

En el Evangelio según Sn. Juan, Judas es mencionado por vez primera tras el Discurso del Pan de Vida[43]. Luego de haber multiplicado los panes y los peces (y de caminar sobre las aguas), Jesús establece que su carne es verdadera comida y su sangre,

---

[43] Jn 6,22-66

verdadera bebida. Afirma que quien coma su carne y beba su sangre, permanecerá en Él, así como Él permanecerá en aquel que los ha consumido. La mayoría de los presentes, a pesar de haber sido testigos de la milagrosa multiplicación de los panes, se escandaliza con las palabras de Jesús. Sorpresivamente, muchos lo dejan y se van para no volver.

"*Desde entonces muchos de sus discípulos se volvieron atrás y ya no andaban con él.*

Jesús dijo entonces a los Doce: «¿También vosotros queréis marcharos?» Le respondió Simón Pedro: «Señor, ¿donde quién vamos a ir? Tú tienes palabras de vida eterna, y nosotros creemos y sabemos que tú eres el Santo de Dios.» Jesús les respondió: «¿No os he elegido yo a vosotros, los Doce? Y uno de vosotros es un diablo.» Hablaba de Judas, hijo de Simón Iscariote, porque éste le iba a entregar, uno de los Doce."[44]

Las palabras con que Judas es introducido en Jn son durísimas. Y más, cuando provienen de la boca de Jesús. Lo compara ni más ni menos que con un diablo. ¿Qué hizo Judas con el paso del tiempo que Jesús mismo, quien lo eligió tras pasar la noche entera en oración, lo consideraba ahora un demonio?

[44] vv. 66-71

Había depositado en él toda su confianza, lo había dotado de la facultad de expulsar demonios y curar toda dolencia, le había confiado la misión de anunciar la buena nueva y con el tiempo, se fue convirtiendo en un diablo.

Al ver Jesús cómo se van sus discípulos tras pronunciar su discurso del pan de vida, interpela entonces a sus apóstoles. Parece que los ve titubear y por eso los cuestiona con firmeza, como dándoles un ultimátum, "¿También vosotros queréis marcharos?" Simón Pedro, en representación del colegio apostólico, toma la palabra y trata de dar a Jesús la seguridad de que ellos no se marcharán, pues se han dado cuenta de que su Maestro tiene palabras de vida eterna y lo reconocen incluso como al Santo de Dios.

Pero Jesús le aclara que si ellos están allí, no es por iniciativa propia sino porque Él los escogió a ellos. Y advierte entonces que no todos son tan firmes como Pedro supone, calificando a uno de ellos como un diablo. Jesús sabía desde mucho tiempo antes de su muerte que Judas lo iba a traicionar.

La decepción

"*Seis días antes de la Pascua, Jesús se fue a Betania, donde estaba Lázaro, a quien Jesús había resucitado de entre los muertos. Le dieron allí una cena. Marta servía y Lázaro era uno de los que estaban con él a la mesa. Entonces María, tomando una libra de perfume de nardo puro, muy caro, ungió los pies de Jesús y los secó con sus cabellos. Y la casa se llenó del olor del perfume. Dice Judas Iscariote, uno de los discípulos, el que lo había de entregar: «¿Por qué no se ha vendido este perfume por trescientos denarios y se ha dado a los pobres?»*

Pero no decía esto porque le preocuparan los pobres, sino porque era ladrón, y como tenía la bolsa, se llevaba lo que echaban en ella. Jesús dijo: «Déjala, que lo guarde para el día de mi sepultura. Porque pobres siempre tendréis con vosotros; pero a mí no siempre tendréis.»"[45]

A diferencia de Mateo y Marcos, que colocan la unción con el perfume dos días antes de la Pascua, Juan la ubica seis días antes de ella. Esta diferencia nos permite ver que los evangelistas están más interesados en los acontecimientos en sí, que en su precisión cronológica, en especial Juan.

Mateo y Marcos contaron que esto tuvo

[45] Jn 12,1-6

lugar en Betania, en la casa de Simón el leproso. Juan no menciona a Simón, aunque se refiere a una cena ofrecida para Jesús, igualmente en Betania. En ella están presentes Marta, María y su hermano Lázaro a quien Jesús acababa de revivir. Marta, siendo fiel a la imagen hacendosa con que la presenta Lucas por su parte, es quien sirve la mesa.

Según Juan, la mujer que derrama el costoso perfume –y subraya que era muy costoso– es nada menos que María, la hermana de Marta y Lázaro que prefería sentarse al lado del Señor cuando este llegaba de visita.

Novelas y películas por igual confunden a esta María con María Magdalena, aquella de quien Jesús había expulsado siete demonios[46]. Pero claramente vemos que no se trata de la misma María.

Los excesos que enfatiza Juan son una forma de indicar el inmenso amor que tenía María por Jesús. El perfume es muy costoso y de buena calidad, pues toda la casa se lena de su fragancia. A diferencia de Mateo y Marcos,

[46] Por citar uno de los errores más garrafales, en *El Mártir del Calvario* de 1952 (Enrique Rambal, Manolo Fábregas y Consuelo Frank) María Magdalena es al mismo tiempo María, la hermana de Lázaro y Marta.

que narraban que la mujer había derramado el perfume sobre la cabeza de Jesús, vemos a María en el evangelio de Juan ungiendo con él los pies de Jesús y enjugándolos con su propio cabello.

Jesús interpreta la buena acción de María como un símbolo anticipado de su unción cuando sea sepultado en unos días. En la Escritura, la unción regia es propia de un rey y la unción sacerdotal está reservada exclusivamente para el sumo sacerdote.[47]

Marcos y Mateo nos habían dicho que entre los discípulos, hubo quien se indignó por este gesto. Juan especifica que uno de los quejumbrosos es nada menos que Judas Iscariote (¿quién si no?) y advierte que es el que lo ha de entregar. En contraste con el inmenso amor demostrado a Jesús por María, Judas Iscariote muestra indignación criticando el gesto de una, desperdiciando el perfume, y del otro, aceptándolo. Su reclamo impersonal, como lanzando una indirecta, deja ver que de hecho, está reclamando tanto a María como a Jesús.

Y justifica su crítica monetariamente, tasando el perfume costoso en 300 denarios y

---

[47] 1 Sm 10,1; 2 Re 9,3-6; Ex 29,7; Lv 21,10

haciéndose además el filántropo, sugiriendo que tal cantidad se le podría dar a los pobres.

Pero Juan aclara las verdaderas intenciones de Judas y con ello nos da luz importante para comprender los motivos de su traición: a Judas no le interesan los pobres un comino. Es un ladrón que, siendo el administrador de la bolsa del grupo de Jesús y sus apóstoles, estira las uñas y se hace de partes del fondo común para su propio bolsillo. Ese gusto enfermizo por el dinero lo lleva a traicionar a su Maestro.

A la mesa del Señor

"*Durante la cena, cuando ya el diablo había puesto en el corazón a Judas Iscariote, hijo de Simón, el propósito de entregarle, sabiendo que el Padre le había puesto todo en sus manos y que había salido de Dios y a Dios volvía, se levanta de la mesa, se quita sus vestidos y, tomando una toalla, se la ciñó. Luego echa agua en un lebrillo y se puso a lavar los pies de los discípulos y a secárselos con la toalla con que estaba ceñido.*"[48]

Juan nos da una clave fundamental para comprender el papel de Judas en el proceso de la pasión, muerte y resurrección de Jesús: el

[48] Jn 13,2-5

diablo puso en su corazón el propósito de entregarlo.

No podemos soslayar el detalle de que Judas es llamado aquí con su nombre y apellido, *bar Simon*, hijo de Simón. Que quede bien claro quién es.

Luego de lavar los pies a los apóstoles, Jesús anuncia que será traicionado. Al igual que en otras versiones, lo vemos turbado en su interior. El sentimiento de Jesús es terrible. Siente un nudo en el estómago, la boca amarga, tristeza y quizás ya, un poco de miedo por lo que está por suceder. Dejémoslo hablar:

"En verdad, en verdad os digo: quien acoja al que yo envíe me acoge a mí, y quien me acoja a mí, acoge a Aquel que me ha enviado.»

Cuando dijo estas palabras, Jesús se turbó en su interior y declaró:

«En verdad, en verdad os digo que uno de vosotros me entregará.»[49]

Es imposible en este momento dejar de recordar uno de los episodios más antiguos de la Escritura en que uno de otro grupo de doce es distinguido por su iniquidad. Al final del

[49] Jn 13,20-21

libro del Génesis, Jacob bendice a sus hijos[50] –también son doce– y a través de ellos, a sus respectivas tribus, antes de morir.

Sus bendiciones son bellas y alentadoras. Por ejemplo, a Judá lo llama "cachorro de león, a quien nadie se atreve a desafiar y a quien alabarán sus hermanos"; de Aser dice que "tiene manjares de rey"; a Neftalí lo compara con "una cierva suelta que da cervatillos hermosos". Pero a uno de sus doce hijos, Dan, le dice en cambio palabras muy duras, "Será Dan culebra en el camino, víbora en el sendero, que pica al caballo en los pulpejos y cae su jinete de espaldas". La tribu de Dan llegará a ser idólatra y a traicionar a Dios al grado de que en el Apocalipsis será la única que no aparecerá en la lista de los que son marcados en la frente con el sello de Dios.[51]

Doce hijos que bendice Jacob poco antes de morir y uno entre ellos cuya tribu traicionará a Dios. Poco antes de morir, Jesús lava los pies a doce apóstoles –que son doce como doce fueron las tribus de Israel– y uno entre ellos que lo habrá de traicionar.

---

[50] Gn 49

[51] Ap 7,1-8

El traidor es dado a conocer

"Los discípulos se miraban unos a otros, sin saber de quién hablaba. Uno de sus discípulos, el que Jesús amaba, estaba a la mesa al lado de Jesús. Simón Pedro le hace una seña y le dice: «Pregúntale de quién está hablando.» El, recostándose sobre el pecho de Jesús, le dice: «Señor, ¿quién es?» Le responde Jesús: «Es aquel a quien dé el bocado que voy a mojar.» Y, mojando el bocado, le toma y se lo da a Judas, hijo de Simón Iscariote. Y entonces, tras el bocado, entró en él Satanás. Jesús le dice: «Lo que vas a hacer, hazlo pronto.» Pero ninguno de los comensales entendió por qué se lo decía."[52]

En Jn, los apóstoles no preguntan a Jesús si acaso cada uno es el traidor. Vemos más bien a Simón Pedro, discretamente, llamar la atención del discípulo a quien Jesús amaba con una seña e indicarle que averigüe de quién se trata.

El evangelio dice que el discípulo amado se recostó sobre el pecho de Jesús. Jn nunca especifica quién ese es discípulo amado aunque muchos quieren ver en él una especie de pseudónimo que usa el autor del evangelio, para no hablar de él mismo en primera persona. En todo caso, con esta expresión el

[52] Jn 13,22-28

evangelista se refiere no a alguien en específico, sino a todos los discípulos amados por el Señor, representados por este apóstol.

Quedándonos en el nivel de la narrativa, y entendiendo a Juan como el discípulo amado, deducimos que está recostado a la mesa del lado derecho de Jesús. La costumbre en los banquetes formales no era comer sentados, sino recostados. Se hacía reclinándose sobre el codo izquierdo para tomar los alimentos con la mano derecha. Así, para poder quedar del lado del pecho de Jesús, Juan come recostado a su derecha. Desde un punto de vista simbólico, podemos entender este gesto como que el discípulo amado coloca su cabeza al lado del corazón de Jesús, para escuchar los sentimientos más profundos de su Maestro.

Volviendo al plano narrativo, el lugar que ocupa Juan nos da una pista importante. Jesús moja el pan en la salsa y lo da a Judas. Para realizar este gesto, con la misma discreción con que Juan hace la pregunta, el Iscariote debe estar recostado justo a la izquierda del Señor. De este modo, basta con estirar la mano para alcanzarle el pan mojado en salsa. El gesto de dar el anfitrión del banquete un pedazo de pan mojado en salsa a alguien más estaba reservado para el huésped principal, el de honor, o el más amado. Fue nada menos que a Judas a quien Jesús entregó este pan. Además, el lugar que Judas ocupa a la mesa es el más importante: a la izquierda del anfitrión. Ni siquiera Juan, sino Judas, ocupa el lugar de honor. Podemos inferir que Jesús amaba más a Judas más que a los demás. Es comprensible que Jesús se turbe en su interior al anunciar que alguien tan amado por Él le está correspondiendo con odio y con traición.

Judas come el pan con salsa que Jesús le ofrece y de inmediato Satanás se apodera de él. Jesús percibe su presencia y ordena a Judas hacer de una vez por todas lo que él mismo ha resuelto. En la Pasión según Sn. Juan, siempre vemos a Jesús en control de todo. Es la razón por la que no vemos a Judas marcharse por su propio pie o escabullirse desapercibido como parece que sucede en el caso de los sinópticos, que no dejan registro del momento de su separación del grupo durante la Cena. En Jn en cambio, vemos a Jesús dándole la orden porque él está en control de todo lo que está sucediendo. Esto no significa que Jesús le ordene traicionarlo. No podemos olvidar que fue el diablo mismo quien había puesto ya en Judas la intención de traicionarlo y el evangelista deja claro que Satanás acaba de entrar en el Iscariote. Simplemente Jesús lo envía a que haga de una buena vez lo que de todos modos es ya inevitable, pues Judas ha decidido aceptar la tentación de Satanás.

"*Como Judas tenía la bolsa, algunos pensaban que Jesús quería decirle: «Compra lo que nos hace falta para la fiesta», o que diera algo a los pobres. En cuanto tomó Judas el bocado, salió. Era de noche.*"[53]

Siendo el tesorero –prueba de la gran confianza que le había tenido Jesús, aunque luego, hasta ladrón le saliera– los demás pensaron que se va para realizar algún preparativo. Nadie sabe a lo que va en verdad pues Jesús fue discreto al revelárselo a su discípulo amado. De lo contrario, los apóstoles se le hubieran echado encima a Judas para impedir su traición.

Releyendo la escena paso a paso, notamos cómo el suspenso ha ido *in crescendo* hasta llegar a su clímax. Tras ordenarle Jesús que se marche, el evangelista remata el cuadro con un brochazo dramático: "Era de noche".

En el plano de la narrativa, vemos a Judas, poseído por Satanás y lleno de odio hacia Jesús, ser devorado por la oscuridad y desaparecer. Profundizando en lo simbólico, vemos a Judas abandonar la luz de Jesús para

[53] vv. 29-30

ser devorado por las tinieblas del mal. Para este infeliz, ya no hay viaje de retorno.

La traición

Después de esto, Jesús pronuncia sus discursos de despedida, todavía a la mesa en la Última Cena.

"*Dicho esto, pasó Jesús con sus discípulos al otro lado del torrente Cedrón, donde había un huerto, en el que entraron él y sus discípulos. Pero también Judas, el que le entregaba, conocía el sitio, porque Jesús se había reunido allí muchas veces con sus discípulos. Judas, pues, llega allí con la cohorte y los guardias enviados por los sumos sacerdotes y fariseos, con linternas, antorchas y armas. Jesús, que sabía todo lo que le iba a suceder, se adelanta y les pregunta: «¿A quién buscáis?» Le contestaron: «A Jesús el Nazareno.» Díceles: «Yo soy.» Judas, el que le entregaba, estaba también con ellos. Cuando les dijo: «Yo soy», retrocedieron y cayeron en tierra.*"[54]

Nuevamente el evangelista nos presenta a Jesús en control de la situación. No llega Judas hasta él sino que Jesús se le adelanta. Incluso sabe todo lo que iba a suceder. En Jn, Judas no llega a darle el beso al *Rabbí* y lo

[54] 18,1-6

entrega a sus captores, sino que Jesús se entrega voluntariamente.

Al decirle a Jesús por quién vienen, les responde con el nombre del Todopoderoso, Yo Soy. Es la razón por la que todos retroceden y caen en tierra. Judas también cae en tierra pues, como dice el evangelista, también estaba con ellos. El Nombre que da Jesús los intimida. Pero no hay vuelta atrás. El Hijo del Hombre ha venido al mundo para salvarnos y voluntariamente se ofrece en sacrificio por nuestra redención.

Según hemos podido ver, de los cuatro evangelistas, Juan es quien da la peor descripción del Iscariote. Lo llama: demonio, ladrón, en quien entró Satanás, el que dejó la luz de la compañía de Jesús para adentrarse en la oscuridad de la noche.

6

Judas en los Hechos de los Apóstoles

¿Cómo murió Judas en realidad?

En este libro, que es considerado la segunda parte del Evangelio según Sn. Lucas, encontramos otra referencia a Judas Iscariote. Al haberse quitado la vida, dejó incompleto el grupo de los Doce. Jesús escogió doce apóstoles así como doce fueron las tribus de Israel. Pedro ve la necesidad de completar el grupo y sustituir al que traicionó a su Maestro por alguien más. Así podrán continuar su misión de dos en dos como Jesús los envió en su momento.

Antes, de elegir al nuevo apóstol, Pedro relata lo siguiente:

"*Uno de aquellos días Pedro se puso en pie en medio de los hermanos –el número de los reunidos era de unos ciento veinte– y les dijo: «Hermanos, era preciso que se cumpliera la Escritura en la que el Espíritu Santo, por boca de David, había hablado ya acerca de Judas, el que fue guía de los que prendieron a Jesús. Porque él era uno de los nuestros y obtuvo un puesto en este ministerio. Este, pues, compró un campo con el precio de su iniquidad, y cayendo de cabeza, se reventó por medio y se derramaron todas sus entrañas. - Y esto fue conocido por todos los habitantes de Jerusalén de forma que el campo se llamó en su lengua* Haqueldamá, *es decir: "Campo de Sangre" - Pues en el libro de los Salmos está escrito:*

Quede su majada desierta,
y no haya quien habite en ella.

Y también:
Que otro reciba su cargo."[55]

El recuento de Pedro en el segundo texto de la obra lucana difiere de los datos que había dado Mateo, quien había contado que Judas devolvió las monedas a los sacerdotes y estos las usaron para comprar un campo que se usaría para sepultar a los forasteros y que fue luego conocido como "campo de sangre". Pedro, en cambio, dice que fue Judas mismo quien compró ese campo pero enfatiza que esto fue conocido por todos los habitantes de Jerusalén, de modo que es prudente quedarnos con su versión.

El Campo de Sangre

Mateo había ubicado este terreno como el

---

[55] Hch 1,15-26

campo del alfarero. Su arcilla rojiza, propicia para la alfarería, se empleaba con ese fin. De ahí su nombre original. Luego de que fuera comprado con aquellas 30 monedas de plata, se comenzó llamar *Haqueldamá* y se destinó a la sepultura de forasteros y peregrinos que morían en Jerusalén.

Haqueldamá significa *campo de sangre* en arameo. Según la versión de Mateo, el campo del alfarero recibió el nombre de *Haqueldamá* en referencia a la sangre de Jesús, pues lo compraron los sacerdotes con monedas que no pudieron depositar en el templo por ser precio de sangre. Según la versión de Pedro, se trata de la sangre de Judas, que se suicidó en ese lugar.

Cuando el emperador Constantino se convirtió al cristianismo, el Imperio Romano se volvió cristiano de forma oficial. Envió entonces a su madre Sta. Elena a Tierra Santa a recuperar todas las reliquias posibles para llevarlas a Roma. De su expedición trajo consigo abundante tierra de *Haqueldamá*, que fue empleada para fabricar sarcófagos.

En el siglo XII, durante las cruzadas, se erigió a un costado del terreno una edificación de 23 m de largo y 18 m de anchura. Servía como hospital donde la Orden Hospitalaria de

Jerusalén daba auxilio a los cruzados heridos. Quienes fallecían, eran sepultados en *Haqueldamá*.

Desde el siglo XVI, el terreno está en posesión de los armenios. En 1892, los ortodoxos edificaron en el lugar el monasterio de Sn. Onofre.

¿Cómo murió entonces Judas?

La muerte de Judas que Pedro recuerda, desde una óptica forense, no coincide con la forma como puso fin a su vida según Mateo. En su evangelio nos dice que el Iscariote se ahorcó. Pedro, en los Hechos de los Apóstoles, explica que cayó de cabeza, se reventó por en medio y se derramaron sus entrañas.

Si Judas se ahorcó, como cuenta Mateo, ¿cómo pudo haber caído de cabeza? A menos que se hubiera colgado de los pies y se hubiera zafado de su atadura, pero eso no tiene sentido. Nadie se cuelga de los pies para quitarse la vida.

Caer de cabeza y del tremendo impacto con el suelo ver las entrañas derramarse, sugiere más bien que Judas se arrojó desde un precipicio. Según lo que dice Pedro entonces, el Iscariote más bien se despeñó.

Hay quienes pretenden reconciliar los dos relatos haciendo que Judas se colgara de una rama de árbol por encima de un precipicio y que luego un rayo lo partiera, destripándolo y haciéndolo caer. Pero acrobático resultaría atar la soga a una rama sobre un precipicio y luego ahorcarse de ella. Este final tan elaborado y por demás macabro más bien se puede entender como el fruto del gran desprecio común que la gente siente por Judas, deséandole ¡que mal rayo lo parta! De ahí parte la tradición en México de fabricar muñecos de papel maché con los rostros de figuras famosas –de preferencia políticos– y rellenarlos de fuegos artificiales para hacerlos explotar en sábado santo. "¡Y tronó como Judas!", dice la expresión popular.

Es claro que las versiones de Mateo y Pedro (en Hch) no concuerdan. Según Mateo, Judas se ahorcó. De acuerdo con lo que describe Pedro, debió más bien despeñarse. En todo caso, un trágico destino fruto de su gran remordimiento. A diferencia del arrepentimiento, que suscita la búsqueda de la reparación de daños con quien ha sido afectado y el camino a la reconciliación, el remordimiento se queda en el interior del agresor. El remordimiento conduce a la desesperación y esta, a la desesperanza. La desesperanza consiste en perder la esperanza en la salvación, perder la confianza en el perdón misericordioso de Dios. Es este el pecado contra el Espíritu Santo que Jesús advirtió a sus apóstoles que sería el único que no podrían perdonar.[56] El remordimiento, la desesperación y la desesperanza acabaron por llevar a Judas a quitarse la vida.

Pero, ¿lo hizo ahorcándose o arrojándose de un precipicio?

Como vimos al analizar los textos relativos a Judas que aparecen en Mt, hay una conexión muy interesante con Ajitófel, el íntimo amigo y traidor del Rey David.

Ajitófel también era estrecho colaborador del Rey David; también a Ajitófel le confiaba David todos los secretos de su reino; también Ajitófel traicionó a su íntimo amigo; y también Ajitófel, se ahorcó.

Mateo compone su evangelio con el fin de evangelizar y catequizar a los cristianos conversos del judaísmo. Le resulta importante demostrarles que Jesús era en verdad el Mesías esperado por el pueblo de Israel y

[56] Mt 12,31

anunciado por los profetas. Uno de los recursos que emplea este evangelista, es mostrar a Jesús como el heredero definitivo del Rey David. Incluso, Mateo arranca su evangelio con las palabras, "Libro de la generación de Jesucristo, hijo de David, hijo de Abraham".[57] Y de ahí lista la genealogía de Jesús, con el fin de dejar de manifiesto su linaje real.

En ese afán de Mateo por representar a Jesús como el nuevo David, es plausible pensar que el desenlace que describe de Judas es un recurso literario más para subrayar el parecido entre ambos reyes. Así, Mateo contó la muerte de Judas teniendo como base el relato de Ajitófel. Al reconstruir el suicidio del apóstol traidor de esta forma, el evangelista pretende resaltar que Jesús vivió lo mismo que David, por ser él mismo el Mesías y en consecuencia, aquel en quien se debe creer.

De manera que Judas debió quitarse la vida más bien como describe Pedro, arrojándose por un precipicio, cayendo de cabeza y con las vísceras saliendo de su abdomen. El hecho de que Pedro subraye que esto lo sabía todo Jerusalén, reafirma la credibilidad de su testimonio.

[57] Mt 1,1

¿Qué día murió Judas?

Si bien no es un dato relevante, sí resulta interesante especular qué día se suicidó Judas. Podría apostar a que de preguntar a los lectores de este libro, de botepronto respondería la mayoría que Judas se suicidó el mismo viernes en que murió Jesús en la cruz. Quizás la rapidez del relato de Mateo provoque esa impresión. Pero considerando como cierto el relato de Pedro en Hch (y como una narración literaria con fines teológicos el de Mt), fue entonces Judas mismo, y no los sacerdotes, quien compró el campo del alfarero con las 30 monedas de plata. Esta transacción debió retrasar el suicidio que al principio, Judas ni siquiera debió considerar. Intentemos reconstruir los hechos.

Judas debió recibir las 30 monedas solo hasta que ya habían capturado a Jesús. No tenía sentido que los sacerdotes le pagaran por adelantado arriesgándose a que el traidor los traicionara también a ellos y se fuera con el dinero sin conducirlos a Jesús. Si Jesús fue arrestado alrededor de la media noche entre el jueves y el viernes, Judas debió comprar el campo del alfarero ese día. No podía hacerlo el Sabbath pues estaba prohibido hacer negocios en ese día de descanso dedicado a Dios.

Pudo haber comprado el campo a partir del domingo. Pero entonces, se hubiera enterado de algún modo de la resurrección de su Maestro. Si después de todo, Jesús estaba vivo de nuevo, el remordimiento de Judas se hubiera apagado y no hubiera caído en la desesperación ni hubiera tenido sentido ya suicidarse. Esto acota las posibilidades de que Judas se quitara la vida a la tarde del viernes –si es que compró el terreno temprano por la mañana– o durante el sábado –si compró el terreno durante la tarde del viernes–.

Resulta factible que Judas hubiera comprado el campo del alfarero temprano el viernes. Siendo una persona materialista e interesada en el dinero, como refiere Juan, pudo haber hecho un acuerdo verbal con sus dueños desde antes, tras negociar la recompensa con las autoridades religiosas y simplemente cerrar la transacción al amanecer del viernes, después de recibir el dinero.

El clímax de su remordimiento debió alcanzarse tras la crucifixión, si no es que sabiendo ya que Jesús había muerto. Por su mente debió librarse una feroz batalla de sentimientos de culpa y de esperanza en el poder de Jesús. Después de todo, Judas amaba a su Maestro y sabía que este también lo amaba a él al grado de haberlo sentado en el lugar de honor y darle un pedazo de pan mojado en salsa en la Última Cena. En medio de ese maremágnum de sentimientos, debió pasar por Judas, aunque sea fugazmente, el deseo de que Jesús interrumpiera con su poder su terrible situación. El Iscariote sabía que Jesús era un taumaturgo capaz de los más grandes portentos. Si había sanado enfermos y revivido muertos, cabía la posibilidad de que de algún modo Jesús se desembarazara del problema. Pero una vez crucificado y sobre todo, ya muerto, todo estaba perdido. Y entonces sí, dándose cuenta de lo que provocó con su traición –o de lo que él creía haber provocado, pues a fin de cuentas, Jesús mismo se había inmolado voluntariamente– el remordimiento asfixiante lo volvió loco de desesperación y en un arrebato final se quitó la vida.

Esto pudo suceder el mismo viernes, ya tarde, o el sábado tras una noche angustiosa lidiando con sus demonios más internos.

No tenemos más detalles para saber con precisión el día en que Judas se suicidó. Pero este ejercicio de reconstruir los hechos nos ayuda a comprender todavía más los sentimientos y pensamientos de este personaje.

El sucesor de Judas Iscariote

Al morir Judas, dejó un hueco en el colegio apostólico. Jesús, tras una noche de intensa oración, nombró a doce como doce habían sido las tribus de Israel. Había pues, que completar el grupo de nuevo. Tras recordar a aquellos 120 discípulos la muerte de Judas, Pedro les dice:

«Conviene, pues, que de entre los hombres que anduvieron con nosotros todo el tiempo que el Señor Jesús convivió con nosotros, a partir del bautismo de Juan hasta el día en que nos fue llevado, uno de ellos sea constituido testigo con nosotros de su resurrección.» Presentaron a dos: a José, llamado Barsabás, por sobrenombre Justo, y a Matías. Entonces oraron así: «Tú, Señor, que conoces los corazones de todos, muéstranos a cuál de estos dos has elegido, para ocupar en el ministerio del apostolado el puesto del que Judas desertó para irse adonde le correspondía.» Echaron suertes y la suerte cayó sobre Matías, que fue agregado al número de los doce apóstoles."[58]

[58] Hch 1,15-26

La oración que hacen los apóstoles es muy específica, centrándose en el corazón de los dos candidatos. No querían tomar riesgos. El que se uniera a ellos, debía tener un corazón digno y puro… como el que tenía el Iscariote al principio. Matías fue el elegido.

7

¿Traidor o Instrumento de Dios?

Más le valiera no haber nacido

Cuando anuncié entre mis lectores y radioescuchas que escribía este libro y compartí su portada en una red social, los interesados en el tema comenzaron a expresar su punto de vista. Me di cuenta de que las opiniones estaban divididas. Muchos consideraban que Judas fue un instrumento de Dios y otros tantos opinaban que fue un traidor.

Quienes consideran que Judas fue un instrumento de Dios, creen que de no haber traicionado a su Maestro, Jesús no hubiera podido ser arrestado para luego ser crucificado y finalmente, resucitar. Esta lógica indicaría que no hay redención sin la traición de Judas. Y en ese caso, Judas fue un instrumento de Dios, necesario para poder concretar el plan de la salvación. Y por esta razón, lo único que Judas nos merecería sería compasión y lástima.

Pero en este caso, Dios sería sumamente injusto. Sabemos ya el terrible desenlace que tuvo el Iscariote, suicidándose presa de un remordimiento desesperante. Además, muriendo tras haber perdido la esperanza de la salvación. Jesús mismo advirtió que más le valiera no haber nacido. ¿Qué clase de dios puede pensar y crear a alguien para destinarlo desde un principio a tal suerte? Ciertamente, no el Dios en quien creemos, pues Dios es amor. Y,

"*Tanto amó Dios al mundo, que envió a su Hijo único, para que todo el que* **crea** *en él no perezca, sino que tenga vida eterna*".[59]

Dios envió a su Hijo al mundo para salvar incluso a Judas. El problema es que Judas dejó de creer en Jesús. Según vimos, se decepcionó de su Maestro y cuando aceptó el perfume del alabastro de aquella mujer, optó por traicionarlo.

¿Estaba Judas predestinado para traicionar a Jesús?

En nuestro análisis de los evangelios pudimos notar cómo Jesús seleccionó a sus apóstoles, incluyendo a Judas, luego de una noche de profunda oración. Jesús eligió a

[59] Jn 3,16

Judas y a los otros once en respuesta a la voluntad de su Padre. Pero porque en ellos había las cualidades necesarias para cumplir con la digna misión de ser del grupo de los primeros enviados a proclamar la Buena Nueva. Vimos cómo Jesús mismo le confirió el poder a Judas, lo mismo que a los otros once, de expulsar demonios y de sanar toda dolencia. Si Judas fue elegido, era porque tenía la madera para ser apóstol. Tanto confiaba Jesús en él, que hasta lo hizo el tesorero del grupo. En otras palabras, Jesús, cumpliendo la voluntad que su Padre le reveló en oración, derramó su bondad y bendición sobre Judas, al igual que en los demás apóstoles.

Pero Judas tenía una debilidad. Le atraía el dinero. Y como dice Juan, ese gusto por el dinero lo hizo vender a su Maestro. Bien ha dicho el Papa Francisco en numerosas ocasiones que el diablo entra por la billetera. Y conociendo la debilidad de Judas, Satanás se aprovechó de ella para tentarlo.

Lucas dejó claro que Judas actuó tentado por Satanás y Juan remata asegurando que en la Última Cena, el mismo demonio entró en él. Y de forma simbólica, sugirió que ya no salió de Judas, pues cuando salió del cenáculo, "era de noche", siendo devorado por las tinieblas del mal y del pecado.

A este respecto, en el Catecismo de la Iglesia Católica encontramos esta importante aclaración:

"*La muerte violenta de Jesús no fue fruto del azar en una desgraciada constelación de circunstancias. Pertenece al misterio del designio de Dios, como lo explica san Pedro a los judíos de Jerusalén ya en su primer discurso de Pentecostés: "Fue entregado según el determinado designio y previo conocimiento de Dios" (Hch 2, 23). Este lenguaje bíblico no significa que los que han "entregado a Jesús" (Hch 3, 13) fuesen solamente ejecutores pasivos de un drama escrito de antemano por Dios.*"[60]

Esto deja claro que ni Judas ni ninguno de los que "entregaron a Jesús" fueron los ejecutores de un plan escrito previamente por Dios.

Así, Judas no traicionó a Jesús por estar predestinado por Dios para hacerlo. Tal y como lo relatan los evangelios, lo hizo porque sucumbió a la tentación de Satanás y por su malsana afición al dinero.

---

[60] CIC 599

¿Era necesaria la traición de Judas?

La respuesta es categórica: No. Las autoridades judías ya habían decidido poner fin a la vida de Jesús. Caifás, el sumo sacerdote en turno, temía que el pueblo, que ya había aclamado a Jesús como Rey durante su entrada gloriosa a Jerusalén, se levantara y pusiera en riesgo ante el Imperio Romano. Por eso consideraba que era mejor que padeciera un solo hombre, a una nación entera.

Y Jesús esta vez, estaba decidido a entregarse. Judas simplemente facilitó las cosas a las autoridades. Pero aun sin su ayuda, se las hubieran arreglado para arrestar a Jesús y en esta ocasión, el lo permitiría. Antes, la multitud ya había intentado matarlo, arrojándolo por un precipicio. Pero él, abriéndose paso con fuerza, se alejó de la turba y no se los permitió. No era el momento todavía de morir por la humanidad. Pero ahora era diferente. El momento había llegado y Jesús estaba dispuesto a inmolarse.

Conviene revisar lo que enseña el Catecismo:

"Teniendo en cuenta la complejidad histórica manifestada en las narraciones evangélicas sobre el

proceso de Jesús y sea cual sea el pecado personal de los protagonistas del proceso (Judas, el Sanedrín, Pilato), lo cual solo Dios conoce, no se puede atribuir la responsabilidad del proceso al conjunto de los judíos de Jerusalén, a pesar de los gritos de una muchedumbre manipulada (Cf. Mc 15, 11) y de las acusaciones colectivas."[61]

Según enseña el Catecismo, nadie más que Dios conoce cuál fue el pecado personal de Judas. Pero en todo caso, y aunque a algunos cueste trabajo aceptarlo, la realidad es que nosotros somos tan responsables de la crucifixión de Jesús como lo fue Judas. ¿Por qué? El Catecismo también lo explica:

"*La Iglesia, en el magisterio de su fe y en el testimonio de sus santos, no ha olvidado jamás que "los pecadores mismos fueron los autores y como los instrumentos de todas las penas que soportó el divino Redentor" (Catecismo Romano, 1, 5, 11; cf. Hb 12, 3). Teniendo en cuenta que nuestros pecados alcanzan a Cristo mismo (cf. Mt 25, 45; Hch 9, 4-5), la Iglesia no duda en imputar a los cristianos la responsabilidad más grave en el suplicio de Jesús.*"[62]

---

[61] CIC 57

[62] CIC 598

¿Qué podemos concluir?

Concluimos pues, con base en nuestro análisis bíblico y en la enseñanza del Catecismo de la Iglesia Católica, que Judas no fue un instrumento de Dios. Fue elegido como apóstol por sus cualidades, pero en la libertad de los hijos de Dios y presa de su propia debilidad, optó al final por sucumbir a la tentación de hacerse de dinero y traicionar a su Maestro movido por la decepción y por su incapacidad de resistirse a Satanás.

En efecto, como advirtió Lucas al narrar la elección de los apóstoles, Judas ***llegó a ser*** un traidor.

8

¿Acaso No Pedro Fue también un Traidor?

Tres veces negó a su Maestro

¿Qué podemos decir de Pedro? A fin de cuentas, él negó a su Maestro y no una, sino tres veces incluso. ¿Acaso no fue también él un traidor? Y de ser así, ¿por qué su desenlace fue distinto al de Judas? Y bastante distinto, pues mientras Judas pasó a la historia bajo el oprobio generalizado de creyentes y paganos por igual, Jesús edificó sobre Pedro su Iglesia, le confió las llaves del Reino y lo convirtió en el primer papa en la historia.

Nadie puede dudar de que Jesús tenía gran amor por Judas y también por Pedro. Este último amaba tanto a su Maestro que como hemos visto ya en los relatos sinópticos, se sentía muy seguro de nunca traicionar a Jesús.

No obstante, los apóstoles no dejan de ser hombres y por ende no dejan de ser frágiles. Esa fragilidad hizo tambalear a Pedro, a pesar de que en la Última Cena era el único que se sentía incapaz de traicionar a su Maestro. Y como sea, se atrevió a ir con Juan hasta la casa del sumo sacerdote, a donde según Lucas, hicieron entrar a Jesús.

Siguiendo el relato de Lucas[63], vemos que ya avanzada la noche, se siente frío y Pedro se sienta en el patio cerca de una hoguera entre los que buscan su calor.

De pronto una criada, al ver a Pedro sentado junto a la lumbre, se le queda mirando y dice a los otros señalándolo, "Este también estaba con él." Pedro se defiende negando a Jesús, como haciéndose el desentendido, "Mujer, no lo conozco".

Pero otro lo confronta, "Tú también eres uno de ellos". A lo que Pedro responde esquivo pero cordial, "Hombre, no lo soy".

Luego de una hora, sacan a Jesús al patio. Mientras, alguien se le queda viendo fijamente a Pedro y exclama, "¡Ciertamente que este también andaba con él". Le dice Pedro "Amigo, no sé de qué me hablas". En ese momento canta un gallo.

El Señor entonces voltea y mira a Pedro. Al sentir su mirada, el apóstol recuerda que en la Última Cena pretendió hacerse el valiente, pero Jesús le aseguró que antes de que el gallo cantara, él lo negaría tres veces. La mirada del

[63] Lc 22,54-62

Maestro parece decirle, "¿Acaso no te advertí que me negarías?".

A Pedro se le hace un nudo en la garganta. Siente que se muere de la tristeza y también de la vergüenza. Se pone de pie y sale de prisa, rompiendo a llorar amargamente.

Lucas es un gran escritor y sus escenas están cargadas de drama. Los otros evangelistas no ubican a Jesús mirando a Pedro en esta escena.

Pedro se da cuenta de lo que acaba de hacer. No ha negado a Jesús una ni dos, ¡sino tres veces! El tres que simboliza la perfección. Al negar a su Maestro amado tres veces, lo ha negado perfectamente. Su traición ha sido tan ruin como la de Judas.

Pero a diferencia de Judas, gracias a que Pedro es capaz de arrepentirse. Judas jamás se arrepintió de su traición. Lo único que sintió fue remordimiento. Y a un grado extremo, pues lo llevó a suicidarse.

Pedro por el contrario, llora amargamente. Su llanto nos recuerda el llanto arrepentido del Rey David la noche en que dejó su almohada bañada en lágrimas.[64]

---

[64] Sal 6,6

En la versión de Lucas, llama mucho la atención la forma en que Pedro va bajando el tono en cada una de sus negaciones. Cada vez lo niega de una forma más suave.

Si leemos lo que dicen los otros dos sinópticos, Mateo y Marcos, las negaciones de Pedro van subiendo de tono. Van subiendo incluso, de color. Las negaciones que registra Mateo son prácticamente una copia de las que cita Marcos.

Así, siguiendo a Marcos, Mateo cuenta lo siguiente:

Pedro estaba fuera, sentado en el patio, y una criada se acercó a él y le dijo, "También tú estabas con Jesús, el galileo". Pero él lo negó delante de todos, "No sé qué dices.

Cuando salió al portal, lo vio otra criada y le dijo a los que estaban ahí, "Este estaba con Jesús el nazoreo" y de nuevo lo negó con juramento, "Yo no conozco a ese hombre".

Poco después, se acercaron los que estaban ahí y dijeron a Pedro "Ciertamente que tú también eres uno de ellos, pues además tu misma habla te descubre". Entonces él se puso a echar imprecaciones y a jurar, "¡Yo no conozco a ese hombre!".[65]

---

[65] Mateo 26,69-74

Y entonces cantó el gallo. Este canto del gallo se puede referir a que en efecto, cantó un gallo. Quizás más bien se refiera a la hora del *gallicinium*, la hora del canto del gallo por la madrugada en el reloj romano. Aunque esto es lo de menos. Lo importante es cómo en el caso de Mateo y de Marcos, Pedro va subiendo el tono: La primera vez, niega. La segunda, niega con juramento. Y la tercera echando imprecaciones. "¡Tales por cuales! ¡Con un demonio! ¡Yo no lo conozco!" debió decir en realidad.

Pero en el caso de las negaciones según las cuenta Lucas, el tono va disminuyendo: Primero, "Mujer, no lo conozco". Después, "Hombre, no lo soy". Y finalmente, "Amigo, no sé de qué hablas".

La razón por la que en el relato de Lucas Pedro baja la intensidad de sus negaciones es que se encuentra bajo el efecto de la Última Cena. Pedro está listo para la redención a pesar de su flaqueza humana. De ahí que haberse sentado a la mesa del Señor y haber comulgado y estar en comunión con Jesús, hace que la gracia actúe en él de alguna manera. Y así es que sus negativas sean cada vez menos fuertes, hasta que finalmente, su corazón está listo para mirar a Jesús a los ojos, conmoverse y arrepentirse profundamente, y correr afuera a llorar amargamente.

La traición fue igual de grande en el caso de Judas y de Pedro. La diferencia entre los dos fue el remordimiento del primero y el arrepentimiento del segundo. Aquel remordimiento que eventualmente conduce a la desesperación y el arrepentimiento que conduce a sentirse avergonzado. La desesperación que lleva a perder la esperanza en la salvación (uno de los pecados contra el Espíritu Santo que según Jesús, es el único que no puede perdonarse) y la vergüenza que lleva a reparar el daño. Pedro volverá donde los apóstoles y cuando las mujeres les cuenten el domingo por la mañana que han encontrado el sepulcro vacío, será el primero en salir corriendo en busca del cuerpo de su Maestro.

La negación de Pedro fue perfecta al negar a su Maestro tres veces. Pedro había dado indicios de tener la fe más firme de los Doce. Fue él quien reconoció a Jesús como el Mesías y el Hijo de Dios vivo. Su debilidad humana le jugó chueco en el momento de la verdad y acabó negando a su Maestro. Tras resucitar, Jesús, siempre misericordioso y conocedor del corazón de sus amigos, dará a

Pedro un remedio medicinal que afianzará su fe con más fuerza. Si lo ha negado perfectamente –tres veces– le dará oportunidad de confirmar su fe perfectamente –tres veces–.

"Después de haber comido, preguntó Jesús a Simón Pedro, 'Simón, hijo de Juan, ¿me amas más que estos?' Respondió él: 'Sí, Señor, tú sabes que te quiero'. 'Simón, hijo de Juan, me amas?' Respondió él: 'Sí, Señor, tú sabes que te quiero'. 'Simón, hijo de Juan, ¿me quieres?' Pedro le dijo: 'Señor, tú lo sabes todo; tú sabes que te quiero.'"[66]

En resumen, la magnitud de la traición de Judas y las tres negaciones de Pedro es igual de grave. La diferencia sustancial es el remordimiento de uno y el arrepentimiento del otro. El que cae en la desesperación y se quita la vida y el que llora amargamente con el corazón contrito. Lección importante para cada uno de nosotros.

---

[66] Cf. Jn 21,15-17

9

Los Judas de Nuestros Tiempos

¿Acaso seré yo, Maestro?

Hacer este detallado análisis bíblico con el propósito de conocer y comprender mejor a Judas Iscariote ha resultado muy interesante, sino es que hasta fascinante. Buscar detalles en los versículos, encontrar testimonios que se confirman y otros que discrepan y discernir cuál ha sido la verdad sobre las decisiones de Judas más entender el valor simbólico de lo que lo rodea puede conformar un exquisito manjar intelectual.

Pero más que para ser estudiada, la Palabra de Dios es para ser escuchada. La Sagrada Escritura contiene la revelación que Dios ha dado de sí mismo. Su palabra es viva y perenne y con ella, Dios nos sigue hablando, consolando, inspirando y también interpelando.

Los textos bíblicos relativos a Judas no resultan necesariamente consoladores ni inspiradores. Más bien, entran en la categoría de las palabras que nos interpelan. A través de las decisiones, palabras y gestos de Judas, Dios nos cuestiona a cada uno. Y es que, a fin de cuentas, todos tenemos algo de Judas.

El ejercicio de análisis que hemos realizado se quedaría incompleto sin una reflexión al respecto. Y mejor todavía, si esa reflexión se hace en primera persona. Aunque también vale hacerla en tercera persona, ya que muchas veces nos toca saber de otros Judas, si no es que hasta víctimas suyas hemos sido.

Todos tenemos algo de Judas

A pesar de nuestros mejores esfuerzos, hay más de una ocasión en que traicionamos a Jesús.

Como la tribu de Dan, hay quien se rebela ante Dios, cae en la idolatría y pretende apartarlo de su vida.

En vez de creer en el Dios verdadero, algunos optan por probar las mieles de filosofías y pensamientos extraños al Evangelio, olvidando que solo Jesús es fuente de los verdaderos manantiales de agua viva.

Hay quienes se indignan de la belleza de nuestros templos, erigidos para adorar nada menos que a Dios, pensando que la Iglesia debería venderlos para dar ese dinero a los pobres –y claro, sin hacer nada por los pobres ellos mismos–. Es la misma indignación de Judas por Jesús aceptar un perfume costoso en vez de venderlo para darlo a los pobres.

Una de las formas más comunes de traicionar a Jesús en nuestros tiempos es distorsionar su persona, su voluntad y su Evangelio, acomodándolos al capricho y la conveniencia personal. Se pretende justificar todo cobijándose en el amor de Jesús y olvidando que Dios nos ama a todos, sí, pero no necesariamente como somos. Dios quiere nuestra salvación y le importan tanto nuestros pecados que envió a su Hijo a morir en una cruz para salvarnos. La cruz no es la carta blanca para el libertinaje, es el precio de nuestra redención. Pero muchos traicionan al Maestro adulterando sus enseñanzas, sobre todo las de carácter moral, en especial las que atañen al matrimonio.

¿Qué decir de los Judas que traicionan a Jesús al traicionar a su cónyuge y a sus hijos cometiendo adulterio? Quien se casó bajo el sacramento del matrimonio, ha establecido una alianza con su pareja y con Jesús. El que traiciona esta sagrada unión traiciona también al Señor.

Otra más es olvidarse de Jesús por completo, salvo cuando hace falta. Recurrir a él solo para pedir su protección, su sanación y sus favores y olvidarse de él para darle gracias.

Muchas veces nos da miedo que alguien descubra que creemos en Dios, que somos discípulos de Jesús. Nos avergüenza de cuando en cuando mostrar nuestra fe ante los demás. Se nos encoge el brazo para signarnos en público o para bendecir nuestros alimentos frente a los demás. Afirmamos creer en el Evangelio pero nuestro comportamiento dista mucho de las bienaventuranzas y las obras de misericordia…

Podríamos seguir. A nivel personal, cada quien sabe de qué manera y qué tan a menudo traiciona a Jesús.

Los infaltables Judas entre los ministros de Dios

Gracias a Dios, la abrumadora mayoría de nuestros sacerdotes y obispos son fieles a su vocación, a la Iglesia y al Señor, aun a pesar de su inevitable fragilidad humana que como a todos, los hace tropezar de cuando en cuando. Lo mismo religiosas, religiosos y consagrados.

Pero no podemos negar que también existen entre el clero y la vida religiosa, hombres y mujeres que se dejan seducir por el dinero, que sucumben a las tentaciones más viles de Satanás y que son capaces de cometer actos por los que Jesús les hubiera atado una piedra de molino al cuello y los hubiera arrojado a un río.

Hay religiosas que sistemáticamente son descorteces con los padres de familia que envían a sus hijos a sus colegios e injustas con los maestros que se entregan a su vocación como formadores de sus estudiantes. Hay sacerdotes evasivos que nunca reciben a ningún feligrés y solo se juntan con los donadores más pudientes.

Hay párrocos que han permitido que el santo sacrificio eucarístico que celebramos en la Santa Misa se haya convertido en circo, maroma y teatro.

Hay obispos que son maestros en el ajedrez de las relaciones, que siguen considerando a sus ovejas como súbditos y que tienden a evadir los problemas causados por otros Judas a niveles litúrgicos, doctrinales y de trato con los fieles.

Vemos incluso cardenales que parecen querer reescribir el Evangelio, redefinir la voluntad de Dios y bendecir actos que en vez de salvar a los hijos de Dios ponen en riesgo la salvación de su alma.

Y por supuesto, la traición más dolorosa es la de aquellos que se han valido de su alzacuellos y de la confianza que su sacerdocio inspira para abusar de niños inocentes.

Esta lista no pretende en modo alguno ser una crítica a nuestro clero. En lo absoluto. Es parte de un ejercicio de reflexión muy necesario. Porque cierto es que muchos fieles, al saber de estas acciones y actitudes, o al ser afectados por ellas, optan por alejarse de la Iglesia primero y después de Dios mismo.

Cuántas veces escuchamos a un amigo decir que ha dejado de confesarse porque fue maltratado por un sacerdote en el confesonario hace muchos años. Cuántas más escuchamos a una amiga que dejó de ir a misa con sus hijos porque una monja de la escuela la maltrató. A cuántos más oímos quejarse de haber dejado la Iglesia porque están hartos de la pederastia.

Nuestra fe no depende de Judas

A todos los que se han alejado o piensan hacerlo por estos motivos, les digo: Nuestra fe no está puesta en Judas Iscariote sino en Dios, Padre, Hijo y Espíritu Santo. Por escandaloso que parezca el error o el pecado de un ministro religioso, se queda siempre corto al compararse con el beso de Judas y las 30 monedas que recibió por entregar a su Maestro.

¿Acaso alguien deja de ir a misa, ya no se confiesa o abandona la Iglesia porque Judas vendió a Jesús por 30 monedas de plata? ¡Por supuesto que no! Nadie lo hace. Las faltas de los demás nunca deben ser motivo para que nadie pierda la fe, abandone la Iglesia y hasta se aleje de Dios mismo, así se trate de un ministro religioso.

Es muy importante comprender a Judas

Iscariote y darnos cuenta que él fue uno de los Doce, que fue quizás el apóstol más amado, que Jesús confiaba tanto en él que hasta lo nombró el tesorero del grupo y que con todo, fue capaz de traicionar a su Maestro de la forma más ruin que nadie pudiera imaginar. Si él, siendo tan cercano a Jesús y teniendo la misma madera de apóstol que los otros once, fue capaz de caer tan bajo, no debe escandalizarnos que ningún sacerdote, religiosa, obispo o cardenal pueda traicionar también a Jesús en un momento dado.

Lo repito: Nuestra fe no está basada en Judas Iscariote. Está puesta en Dios, Padre, Hijo y Espíritu Santo.

Además, los ministros religiosos no son más cristianos en razón de su vida consagrada. Lo que nos hace cristianos es el bautismo. Y en eso, laicos, religiosos, consagrados y sacerdotes, estamos a la par. Somos tan hijos de Dios los unos como los otros en razón de nuestro bautismo que nos hizo hijos de Dios. Por esta razón, la exigencia de permanecer fieles a Dios, nuestro Padre y a su Hijo

Jesucristo, Señor nuestro, es la misma para todos.

Pero nuestra humana debilidad nos puede volver en Judas a unos y a otros. Nunca debemos olvidar esta fuerte realidad que Sn. Francisco de Asís advirtió con contundencia:

"Y los demonios no son los que le han crucificado; eres tú quien con ellos lo has crucificado y lo sigues crucificando todavía, deleitándote en los vicios y en los pecados."[67]

Y cuando esto sucede, son justamente esos sacerdotes y obispos, pecadores o no, los que tienen la facultad de perdonar nuestros pecados en el nombre del Padre y del Hijo y del Espíritu Santo para que –como Pedro y a diferencia de Judas– podamos reconciliarnos con Dios.

Es preciso estar siempre alertas. Tal vez lo que debamos hacer siempre que sintamos que Satanás se acerca y trata de separarnos del lado de Jesús y sacarnos del cenáculo para ahogarnos en las tinieblas de la noche, sea

---

[67] Sn. Francisco de Asís, *Admonitio*, 5, 3

escuchar las palabras del Maestro, "Lo que has de hacer, hazlo ya". Y que entonces, a diferencia de Judas, recapacitemos, nos afiancemos con fuerza del brazo del Señor que nos ama tanto, y le pidamos que infunda sobre nosotros su Espíritu Santo para que nos aparte de la tentación. Y así, que podamos decir siempre a Jesús, "Señor mío, lo que he de hacer es permanecer siempre a tu lado".

Sigue a

Mauricio I. Pérez

por radio todos los días en el programa

Semillas para la Vida

en tu estación
de radio católica favorita o en

www.semillasparalavida.org

No te pierdas su programa
de análisis bíblico

Pasión por el Evangelio

en el mismo sitio
y a través de YouTube

¡Apasiónate por nuestra fe!

www.ingramcontent.com/pod-product-compliance
Ingram Content Group UK Ltd.
Pitfield, Milton Keynes, MK11 3LW, UK
UKHW040009200726
13854UKWH00001B/112

9 781980 394068